40 DIAS
com STAR WARS

EDUARDO MEDEIROS

Direção Editorial: Sinval Filho
Direção Administrativa: Wilson Pereira Jr.
Direção de Marketing: Luciana Leite

Capa e Projeto Gráfico: Rodrigo S. Oliveira
Diagramação: Jônatas Jacob
Revisão: Janaina Marques Steinhoff

@editoracemporcentocristao   @edcemporcento   @editoracemporcentocristao

contato@editoraceporcento.com.br   (11) 4379-1226 | 4379-1246 | 98747-0121
Editora 100% Cristão - Rua Raul Torres, 41 - Osasco/SP - CEP 06028-060

www.editoracemporcento.com.br

Copyright 2019 por Editora 100% Cristão

Todos os direitos reservados à Editora 100% Cristão e protegidos pela Lei n. 9.610, de 19/02/1998. É expressamente proibido a reprodução total ou parcial deste livro, por quaisquer meios eletrônicos, mecânicos, fotográficos, gravação e outros, sem prévia autorização por escrito da editora. A versão da Bíblia utilizada nas citações contidas nessa obra é a Nova Versão Internacional (NVI) salvo ressalvas do autor.

Este livro é uma publicação independente, cujas citações a quaisquer marcas ou personagens são utilizados com a finalidade de estudo, crítica, paráfrase e informação.

40 DIAS
com STAR WARS

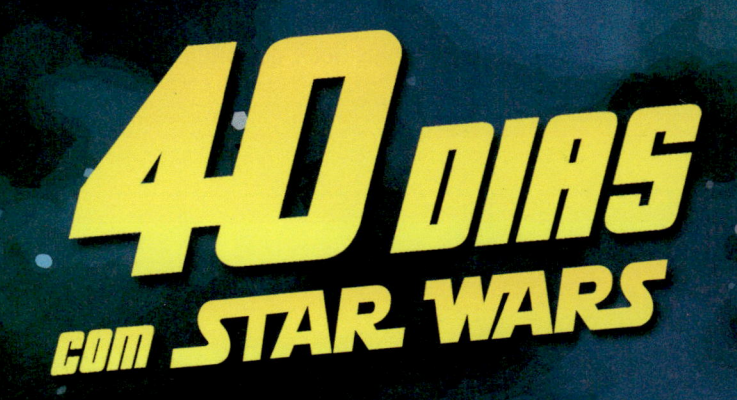

EDUARDO MEDEIROS

SOBRE O AUTOR

Eduardo Medeiros é filho de Deus, casado com a mulher mais linda deste mundo, chamada Meiry Ellen, e pai do pequeno Joshua. É pastor de jovens e adolescentes em Curitiba e Ministro da Igreja do Evangelho Quadrangular, auxiliando no trabalho de células e ensino de sua denominação. É Doutor em História Medieval pela Universidade Federal do Paraná e Especialista em Teologia Bíblica pela Universidade Mackenzie de São Paulo, além de bacharel em História e Teologia. Professor Universitário em Cursos de Teologia, é escritor de livros acadêmicos para uso em diversos cursos a nível nacional. Fundador do projeto Parábolas Geek, que originou este Devocional.

AGRADECIMENTOS

Em primeiro lugar, agradeço a Deus por deixar pistas a Seu respeito espalhadas pela Criação! Tudo o que precisamos fazer é observar atentamente para encontrá-las. Obrigado por nos amar de maneira extravagante, mesmo quando ainda não correspondíamos a este amor!

Agradeço à minha parceira de Aliança, Meiry, pois, sem seu apoio, não teria ousado sair de minha zona de conforto para viver as aventuras de Deus para nossas vidas. Ao meu filho Joshua que, ao fazer as perguntas sobre o Império Galáctico e a Aliança Rebelde no auge de seus cinco anos de idade, ajudou-me a pensar como aqueles que ainda não conhecem Star Wars, sendo fundamental na escrita deste livro! Amo vocês! Preciso agradecer a todo o staff da Editora 100% Cristão, pois, a cada projeto, estreitamos ainda mais os laços de amizade e parceria no Reino de Deus! Vocês estão revolucionando o mercado editorial cristão no Brasil! Por esta razão, Sinval, Luciana e Wilson, meu muito obrigado! Finalmente, a todos os amigos de jornada que tenho conhecido pelo Brasil nos últimos anos: vocês alegram o meu coração e renovam a esperança de uma geração que fará diferença não apenas no meio cristão, mas onde colocarem a planta dos pés!

APRESENTAÇÃO

Quero iniciar esta jornada com você em primeiro lugar agradecendo pela sua vida! Toda grande jornada começa com um primeiro passo e é exatamente isto que você está fazendo neste exato momento! Antes de falarmos sobre Star Wars e quais os princípios que podemos extrair de seus filmes e personagens, gostaria de alertar a respeito de algumas coisas contidas neste material e de que maneira ele está conectado com outros livros escritos anteriormente.

Em primeiro lugar, este é o segundo volume de nossa série "40 Dias com...", sendo provável, portanto, que você já conheça os "40 dias com os Vingadores", cujo tema central foi "vida cristã". Porém, caso não tenha lido, não tem problema, pois os livros são independentes entre si, para que sua experiência na galáxia muito distante daqui não seja prejudicada.

Em segundo lugar, este será um livro sobre Jesus. Cada devocional tem o objetivo de nos ensinar algo a respeito da história, vida e ensinos de Jesus Cristo, pois é muito importante que possamos conhecer Sua trajetória. Nosso desafio é o de, a cada volume, apresentar um fio condutor que possa conectar todos os textos, atribuindo a eles um sentido.

Em terceiro e último lugar, gostaria de dizer que utilizamos uma metodologia para o desenvolvimento de nossos projetos. O primeiro lançamento nesta área aconteceu em setembro de 2017 com o Devocional Pop, um devocional diário com 366 textos escritos para abençoar jovens e adolescentes em todo o Brasil. A experiência foi tão gratificante, que decidimos partir para novos projetos utilizando a mesma temática. O livro que você tem em mãos contém 40 textos inéditos que relacionam aspectos teológicos e práticos com personagens de Guerra nas Estrelas. Para explicar a você a respeito desta metodologia, gostaria de utilizar os próximos tópicos de nossa introdução.

ESTRUTURA DO LIVRO

Em cada um dos dias, você vai encontrar a seguinte configuração:

1- O dia de sua jornada;

2- O personagem abordado;

3- Um texto bíblico que será a base para a reflexão do dia. Recomendamos que você memorize o versículo que abre cada um dos textos desta obra;

4- Um breve histórico do personagem abordado, com ênfase no aspecto de sua biografia ou algum fato interessante para contribuir com nossa reflexão;

5- A partir do perfil do personagem, a sequência traz a aplicação dos princípios bíblicos do capítulo com mais algumas referências bíblicas que reforçam a ideia abordada;

6- Um desafio diário para sua edificação e crescimento espiritual prático.

COMPARTILHE SUA EXPERIÊNCIA!

Quando compartilhamos nossas experiências, temos uma chance muito maior de concluir nossa jornada. Por isso, sugerimos que você tire uma foto de cada um dos 40 dias e publique em seu Instagram, marcando os nossos perfis:

@parabolasgeek

@editoracemporcentocristao

@eduardo_medeiros_oficial

Publique em seus Stories ou em seu Feed com a tag #40DiascomStarWars para que possamos divulgá-la para todos os que estão juntos com você neste projeto! Sua perseverança pode incentivar alguém que está precisando da mesma experiência!

COMO UTILIZAR

DEVOCIONAL INDIVIDUAL

Nossa recomendação para que sua experiência seja a melhor possível, é que você leia um texto por dia, separando em sua agenda o melhor horário para esta tarefa, de acordo com a sua rotina. Separe estes 40 dias para um tempo de consagração a Deus e dedique-se a este propósito. Levando este período com seriedade, com certeza você colherá frutos de sua dedicação!

"Mas por que 40 dias?", você poderia me perguntar. Por que não fazer um livro com 30, 60 dias de devocionais? A resposta é simples: em diversas passagens, a Bíblia apresenta homens que dedicaram 40 dias para períodos de jejum e oração, tanto no Antigo quanto no Novo Testamento. Não tem relação exata com o número, mas com o período que uma pessoa separa para se preparar para algo novo que está para acontecer. Por isso escolhemos 40 devocionais, para que estes dias sejam um divisor de águas em sua jornada de descobrimento de Deus! Entre as passagens bíblicas que falam sobre este número e sua relação com a novidade de vida, podemos citar:

Gênesis 7:4-12 — O dilúvio durou 40 dias e 40 noites;

Êxodo 24:18 — Moisés subiu ao Monte Sinai por 40 dias e 40 noites e lá ficou na Presença de Deus;

Números 14:33 — O tempo de peregrinação no deserto do povo de Israel foi de 40 anos;

Mateus 4:2 — Jesus jejuou 40 dias no deserto para iniciar seu ministério.

Mais uma vez, não existe relação com o número, mas sim com o propósito em buscar a Deus por um período de tempo específico. Muitas vezes vamos postergando e deixando para mais tarde, ao invés de começarmos de alguma forma.

Nossa oração é que este livro seja o incentivo que faltava para que você inicie uma jornada de 40 dias para um novo tempo em sua vida espiritual. Não é o livro que trará o novo de Deus a você, mas sim suas expectativas com relação a este tempo especial. Pode ser que você já tenha tentado outras vezes e se sinta frustrado por não ter conseguido terminar este período.

Peça a Deus por Sua força para esta jornada. Ele te capacitará e estará contigo durante todos estes dias!

GRUPOS PEQUENOS

Você também pode utilizar este material em seu grupo pequeno, célula, grupo familiar, escola bíblica dominical ou, ainda, discipulado coletivo. Para ativar esta função em seu livro, use o Devocional todas as semanas da seguinte maneira:

- Efetue a leitura completa do texto;

- Incentive cada participante para que compre o seu exemplar, a fim de que seu estudo semanal seja mais profundo;

- Peça para o grupo auxiliar através da leitura de pequenos trechos da lição, em especial os textos bíblicos;

Após a leitura do material, apresente ao grupo as seguintes questões:

- Existem testemunhos com relação ao texto da semana passada?

- Você consegue identificar-se com os elementos da personalidade do personagem de hoje?

- Como você pode colocar em prática o conhecimento adquirido nesta semana?

- O que chamou a sua atenção no texto de hoje?

- Quais são as áreas abordadas hoje que geram mais dificuldade em sua vida espiritual?

Conversem sobre o Desafio do dia e veja como é possível realizá-lo e incentivar o grupo a cumprí-lo.

Durante a semana, peça para o grupo ler mais vezes o texto, com o foco em seu princípio teológico.

Este passo a passo é uma adaptação, com o objetivo de auxiliar aqueles que queiram utilizar este Devocional em seu grupo pequeno. Antes de mais nada, sempre converse com o pastor titular de sua igreja sobre este Devocional, mostre-lhe o livro, sua fundamentação teórica, para que você possa auxiliá-lo em seu trabalho na igreja local. Você trabalha para Deus, auxiliando no trabalho que eles executam nesta geração. Nossa oração é que você e seu grupo alcancem novos níveis de maturidade espiritual através desta jornada!

FUNDAMENTAÇÃO TEÓRICA SIMPLIFICADA

A ideia central deste Devocional é bastante simples, e, com certeza, você, caríssimo leitor, perceberá isso durante sua leitura diária do conteúdo proposto. Nele você encontrará uma infinidade de assuntos abordados pela Teologia. Para escrever a respeito de tantos assuntos, abordamos a Teologia Interdenominacional, fruto de nosso trabalho universitário. Utilizamos diferentes autores e materiais para construir os 40 textos que compõem este Devocional e é nossa expectativa que você mergulhe nestes princípios com a mesma intensidade com que nós mergulhamos quando os escrevemos. Embora todos os textos tenham início, meio e fim, o conjunto desta obra aponta para a Soberania de Deus sobre a humanidade, que deve aproveitar, com responsabilidade, a Graça que lhe foi dada através de Jesus. Não devemos reter as boas notícias que a morte e a ressurreição de Cristo nos trouxeram. Por Ele, temos a possibilidade da Vida Eterna e, por isso, devemos lutar todos os dias de nossa vida, levando outros a este Encontro com Ele, através do arrependimento genuíno de pecados.

Esta obra está pautada em três premissas básicas, porém muito importantes, do contexto bíblico. Explicaremos rapidamente a respeito de cada uma delas.

1. O PAPEL DA CULTURA SECULAR NO REINO DE DEUS

No Novo Testamento, temos um interessante diálogo entre o apóstolo Paulo e os intelectuais gregos no Areópago, em Atenas:

"Então Paulo levantou-se na reunião do Areópago e disse: 'Atenienses! Vejo que em todos os aspectos vocês são muito religiosos, pois, andando pela cidade, observei cuidadosamente seus objetos de culto e encontrei até um altar com esta inscrição: AO DEUS DESCONHECIDO. Ora, o que vocês adoram, apesar de não conhecerem, eu lhes anuncio.'" Atos 17:22,23 NVI

Paulo passa um período em Atenas aguardando pela chegada de Silas e Timóteo, que haviam permanecido em Beréia. Ele fica indignado com a idolatria na cidade e, no texto acima, descobre que um dos deuses do panteão grego poderia ser usado para pregar o Evangelho de Cristo. Através de um elemento da cultura local, o apóstolo atingiu o cerne da mensagem da Salvação para aquele povo. O final da sua pregação mostra que, embora alguns tenham zombado dele, outros ficaram intrigados com sua metodologia e desejaram ouvir a Paulo uma vez mais.

Por muitas décadas, os cristãos entregaram ao nosso inimigo o controle, o domínio e o governo de diversas áreas da sociedade. As frases típicas que ouvimos por muito tempo de que "a política, o dinheiro, a TV são do diabo" demonstram uma tendência que predominou na igreja brasileira até pouco tempo atrás. Hoje percebemos o resultado deste desinteresse ou falta de entendimento de que o Reino de Deus é muito mais amplo do que as paredes de nossas igrejas. O caos moral na política, a programação televisiva transmitindo princípios contrários à Palavra de Deus e a falta de preocupação com os estudos levaram às posições de influência pessoas que não entendem da sabedoria bíblica para liderarem os outros. Em resumo, como igreja, entregamos de bandeja posições estratégicas ao inimigo, por causa de nosso desinteresse e, até mesmo, egoísmo em nos preocuparmos somente com nossas igrejas, quando o mundo ao redor dela ruía.

Graças a Deus, porém, vemos em nosso presente diversos movimentos surgindo, caminhando na contramão deste pensamento. Jovens entendendo que seu chamado é muito maior do que apenas serem salvos da condenação eterna, mas que devem fazer a diferença em sua faculdade, trabalho e família. É tempo de restabelecer o senhorio de Cristo em nossa sociedade, com inteligência e sabedoria. Não mais através de palavras, mas de atitudes que representem o Reino para o qual trabalhamos como embaixadores!

Acredito ser importante aproximar o Evangelho da sociedade na qual estamos inseridos, sem abrir mão dos princípios bíblicos. Este é um exercício que demanda criatividade e pesquisa, pois é necessário procurar entender o tempo e a cultura em que vivemos. Este livro é uma tentativa de mostrar a possibilidade de usar aquilo que as pessoas consomem como entretenimento, aplicando princípios do Reino de Deus, pois a Cultura não precisa ser inimiga da igreja, quando utilizada em nosso favor.

2. METODOLOGIA DE ENSINO DE CRISTO

O segundo preceito diz respeito a um recurso didático muito utilizado por Jesus Cristo, em Seu ministério terreno: as Parábolas. Gosto muito de uma definição que ouvi certa vez: ao usarmos uma parábola ou uma alegoria, trazemos conceitos complexos do Reino de Deus para perto das pessoas. Separei alguns textos que mostram a importância que Ele dava a estas práticas:

"Jesus falou todas estas coisas à multidão por parábolas. Nada lhes dizia sem usar alguma parábola." Mateus 13:34

"Ele lhes ensinava muitas coisas por parábolas, dizendo em seu ensino:" Marcos 4:2

"Com muitas parábolas semelhantes, Jesus lhes anunciava a palavra, tanto quanto podiam receber." Marcos 4:33

A sociedade de Jesus no século I era essencialmente agropastoril, portanto, estavam acostumados ao trabalho com animais e agricultura. Cristo os ensinava com itens que qualquer um dos trabalhadores conhecia, como uma ovelha perdida, um grão de mostarda, uma moeda corrente, entre outros. Concordo com a premissa de que, quanto mais sábio um ser humano é, mais ele consegue traduzir o que precisa ensinar através das mais diversas estratégias, de maneira a ser entendido por aqueles que o ouvem ou leem. Jesus é a Sabedoria encarnada, por isso sua estratégia de ensino era tão eficiente.

Muitos jovens de nossos dias não conhecem um grão de mostarda ou quanto valeria um talento em nossos dias, mas, com certeza, conhecem o Darth Vader, Luke Skywalker e R2-D2. Partindo desta ideia, procuramos atualizar o conceito das parábolas para a realidade da juventude do século XXI.

Desta forma, procuramos utilizar o mesmo recurso didático que o Mestre usou, apenas atualizando e aproximando os objetos da pesquisa, escrevendo parábolas contemporâneas, para oferecer uma nova roupagem aos textos bíblicos.

3. APRENDIZAGEM DO LEITOR

Alguém disse, certa vez, que o ignorante aprende errando, o inteligente aprende com os próprios erros e o sábio, com os erros dos outros. Neste sentido, tudo em nossa vida é um grande aprendizado. Podemos aprender bons princípios com heróis e podemos aprender o que NÃO devemos fazer quando observamos a conduta dos vilões. De uma maneira ou de outra, estamos aprendendo.

Esta maneira de enxergar a vida, como uma grande aprendizagem, é simplesmente libertadora, pois entendemos que tudo em nossa vida acontece com um propósito de nos levar ao crescimento e ao amadurecimento. Por isso, melhor do que excluir as experiências negativas que tivermos ao longo de nossa caminhada, devemos aprender com elas e seguir em frente, pois, conforme o autor de Eclesiastes, *"Para tudo há uma ocasião, e um tempo para cada propósito debaixo do céu." Eclesiastes 3:1.*

Estes três elementos (O Papel da Cultura Secular no Reino de Deus, a Metodologia de Ensino de Jesus e a possibilidade de Aprender com diferentes experiências) explicam o mecanismo teórico sobre o qual nos baseamos para a escrita deste livro.

Minha oração é que você encontre muito mais do que histórias nas páginas seguintes, mas ferramentas úteis para uso em sua vida cristã. Aplique cada texto em sua vida, em sua realidade, para que você não se reconheça mais ao término da leitura, tamanha será a transformação de vida que você experimentará.

Espero que você esteja preparado ou preparada para a jornada que se inicia diante de seus olhos! Minha oração é para que, ao término deste livro, quando nos reencontrarmos daqui a um ano, você tenha mudado, através da transformação e da renovação da sua mente!

"Todavia, como está escrito: 'Olho nenhum viu, ouvido nenhum ouviu, mente nenhuma imaginou o que Deus preparou para aqueles que o amam.'" 1 Coríntios 2:9.

Que a Força do Altíssimo esteja sempre com você!

Pastor Eduardo Medeiros

INTRODUÇÃO

"Transmita o que aprendeu. Força, mestria. Mas fraqueza, insensatez, fracasso também. Sim, fracasso acima de tudo. O maior professor, o fracasso é. Luke, nós somos o que eles crescem além. Esse é o verdadeiro fardo de todos os mestres." Mestre Yoda.

Tudo começou com um diretor de 33 anos, chamado George Lucas, com o pensamento de criar um filme de ficção científica, após ter seu projeto para uma versão própria de Flash Gordon negado pela produtora do filme. A partir disso, arriscou todo o capital que tinha numa aventura chamada Star Wars. Nem o estúdio acreditava no sucesso do projeto, portanto cedeu todos os direitos do filme para o próprio George Lucas. Em 1977, o sucesso improvável de Uma Nova Esperança possibilitou que o diretor pudesse criar sua própria produtora, a Lucasfilm, e um grande e lucrativo universo gigantesco formou-se, desde então. Este universo envolve nove filmes, duas séries animadas, centenas de livros, revistas em quadrinhos, jogos de vídeo game, brinquedos, action figures e parques temáticos na Disney. Podemos afirmar que Guerra nas Estrelas inaugurou o filme "blockbuster" no cinema mundial e seus personagens estão entre os principais ícones da Cultura Pop. Um projeto que foi tomando forma aos poucos e hoje apresenta inúmeras plataformas e produtos associados a uma franquia muito bem-sucedida. Nos cinemas, temos a seguinte distribuição dos filmes:

1977 – Episódio IV: Uma Nova Esperança

1980 – Episódio V: O Império Contra-Ataca

1983 – Episódio VI: O Retorno de Jedi

1999 – Episódio I: A Ameaça Fantasma

2002 – Episódio II: O Ataque dos Clones

2005 – Episódio III: A Vingança dos Sith

2015 – Episódio VII: O Despertar da Força

2016 – Rogue One: Uma história Star Wars

2017 — Episódio VIII: Os Últimos Jedi
2018 — Solo: Uma história Star Wars
2019 — Episódio IX: A Ascensão Skywalker

São mais de quarenta anos para contar uma história que tem passado de geração em geração. No final deste livro, você tem um grande resumo de todas as publicações do novo Cânon de Star Wars para entender a história, caso não tenha assistido aos filmes, e outras mídias que ajudam a concluir a narrativa desta saga.

Existem muitas referências utilizadas pelo diretor para construir seu universo e a principal delas, em minha opinião, é o livro O Herói de Mil Faces, de Joseph Campbell. O autor era amigo de George Lucas e ele usou o arquétipo (um modelo) do herói para construir a jornada de Luke Skywalker. Para Campbell, todas as mitologias e lendas podem ser resumidas e condensadas no que ele chamou de "a Jornada do Herói", que representam uma série de etapas e atitudes comuns aos heróis míticos. Com o uso deste trabalho de cunho acadêmico para falar de personagens mais simples, George Lucas construiu a base dos heróis de quase todos os grandes filmes populares de Hollywood.

Outras referências utilizadas foram filmes de ficção científica feitos na geração de Lucas, como 2001, uma Odisseia no Espaço; Metropolis e Flash Gordon, entre outros.

A palavra JEDI é derivada da palavra japonesa "Jidaigeki", um gênero de televisão e teatro japonês, que trabalha com temas de época. A filosofia Jedi lembra o código samurai e sua maneira nobre de lutar e respeitar seu oponente.

Podemos dizer que Star Wars é um grande compilado de seu tempo, de sua época. Gostaria de concluir esta introdução ao volume destinado a esta história e seus personagens com algumas reflexões que podemos extrair da saga, de maneira geral:

1- A primeira lição está na ordem dos filmes não seguir uma sequência comum.

"O fim das coisas é melhor do que o seu início, e o paciente é melhor que o orgulhoso." Eclesiastes 7:8.

Da mesma forma como Star Wars é uma franquia que começou pela metade para, então, contar o início e, somente depois, o final, nossa vida também pode ter altos e baixos. Não importa como você

INTRODUÇÃO

começa sua jornada, mas sim como você a termina! Uma vez discípulos de Cristo, nossa função é superarmos a nós mesmos todos os dias de nossa vida! Pare de ouvir aqueles que dizem que você não pode sonhar com uma vida melhor, por causa de seu passado. Aquele que conhece todos os seus medos, fraquezas e sua história, trouxe maravilhosas promessas para sua vida e esta deve ser a verdade que norteia nossas escolhas todos os dias!

2 - Nunca deixe de vigiar.

"Vigiem e orem para que não caiam em tentação. O espírito está pronto, mas a carne é fraca". Mateus 26:41

"Sejam sóbrios e vigiem. O diabo, o inimigo de vocês, anda ao redor como leão, rugindo e procurando a quem possa devorar." 1 Pedro 5:8.

O final do Episódio IV, Uma Nova Esperança acaba de maneira heroica para a Aliança Rebelde, ao destruírem a Estrela da Morte. A cena final mostra a condecoração dos heróis da Batalha de Yavin em clima festivo e, assim, o filme acaba. Três anos mais tarde, o novo filme acabaria com o clima de vitória: O Império contra-ataca. Todas as trilogias flertam com a vitória e com a derrota, como por exemplo:

Episódio IV: Uma Nova Esperança x Episódio V: O Império Contra-Ataca;

Episódio II: O Ataque dos Clones x Episódio III: A Vingança dos Sith;

Episódio VII: O Despertar da Força x Episódio VIII: Os últimos Jedi;

Assim, podemos entender que é necessário permanecermos vigiando em todo o tempo. Jesus Cristo, logo após uma experiência fantástica durante seu batismo, enfrentou seu maior desafio, através dos 40 dias em que passou no deserto jejuando e sendo tentado pelo diabo. Nem toda vitória dura para sempre, tampouco nem todo desafio e dificuldade. É preciso entender que, em nossas vidas precisamos estar focados em Jesus, ao invés de nas circunstâncias cotidianas, por uma razão muito simples: as circunstâncias mudam, Jesus não. Existem dias bons e dias maus em nossas vidas, por esta razão precisamos vigiar, orando em todo o tempo por nossas vidas e de nossos familiares. Além disso, é fundamental que busquemos intimidade com Deus, para que possamos a cada dia, conhecê-Lo mais e mais. Por fim, devemos crer que toda situação difícil passará e não durará para sempre. Precisamos entender que, muitas vezes, precisamos tomar atitudes para romper com determinadas situações que se repetem em nossas vidas, pois muitos problemas são

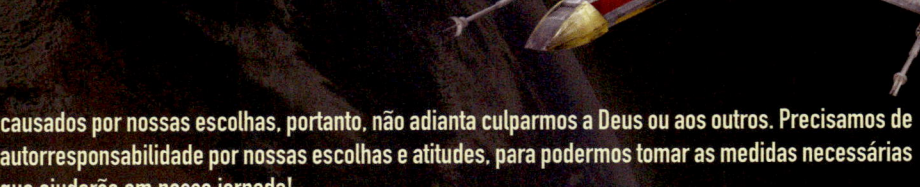

causados por nossas escolhas, portanto, não adianta culparmos a Deus ou aos outros. Precisamos de autorresponsabilidade por nossas escolhas e atitudes, para podermos tomar as medidas necessárias que ajudarão em nossa jornada!

3- Em todo o tempo a fé é fundamental.

"Ora, a fé é a certeza daquilo que esperamos e a prova das coisas que não vemos." Hebreus 11:1

Um único tiro vindo de um caça, no meio de uma épica batalha nas proximidades da Estrela da Morte, dado no momento certo, no local correto. Esta era a missão improvável da Aliança Rebelde para destruir a estação de batalha. Luke confiou na Força para atingir seu objetivo, mas nós devemos confiar na fé que compartilhamos a respeito de Deus e de Seus grandiosos feitos! A fé nos ajuda a buscar o impossível para nossas vidas, pois sabemos pela Bíblia que nada, absolutamente nada, é impossível para nosso Deus!

"Jesus respondeu: 'O que é impossível para os homens é possível para Deus.'" Lucas 18:27.

Como conseguimos fé para nossas vidas?

"Consequentemente, a fé vem por ouvir a mensagem, e a mensagem é ouvida mediante a palavra de Cristo." Romanos 10:17.

Somente pelo conhecimento da Palavra é que nossa fé pode ser ativada para obras maiores do que aquelas que temos feito!

Não se esqueça dos tópicos desta introdução:

1- Não importa como começamos nossa jornada, mas sim como a encerramos;

2- Permaneça Vigiando;

3- Ative sua fé em todo o tempo.

Espero que você seja edificado pelos próximos textos e estou aguardando as fotos de sua jornada!

Que a Força de Deus esteja com você!

SUMÁRIO

Dia 01: Anakin Skywalker - Parte 1
Dia 02: Qui-Gon Jinn
Dia 03: Obi-Wan Kenobi
Dia 04: Mestre Yoda
Dia 05: Padmé Amidala
Dia 06: Jango Fett
Dia 07: Clone Troopers
Dia 08: C-3Po
Dia 09: R2-D2
Dia 10: Jar Jar Binks
Dia 11: Conde Dookan
Dia 12: Darth Maul
Dia 13: Anakin Skywalker - Parte 2
Dia 14: Ahsoka Tano
Dia 15: Ezra Bridger
Dia 16: Kanan Jarrus
Dia 17: Luke Skywalker - Parte 1
Dia 18: Princesa Leia
Dia 19: Han Solo
Dia 20: Chewbacca
Dia 21: Mace Windu

Dia 22: Darth Sidious
Dia 23: Darth Vader
Dia 24: Stormtroopers
Dia 25: Galen Erso
Dia 26: Jyn Erso
Dia 27: Chirrut Imwe
Dia 28: Baze Malbus
Dia 29: K-2SO
Dia 30: Rey
Dia 31: Finn
Dia 32: Poe Dameron
Dia 33: Kylo Ren
Dia 34: General Organa
Dia 35: Luke Skywalker - Parte 2
Dia 36: BB-8
Dia 37: Jabba the Hutt
Dia 38: Sabres de Luz
Dia 39: Millennium Falcon
Dia 40: Estrela da Morte

Manual do Recruta da Resistência

DIA 01

ANAKIN SKYWALKER
Parte 1

"Assim, você já não é mais escravo, mas filho; e, por ser filho, Deus também o tornou herdeiro." Gálatas 4.7

Anakin é filho da escrava Shmi Skywalker, tendo nascido como um escravo. Com nove anos de idade é um verdadeiro prodígio tecnológico, pois é capaz de construir pods de corrida e droides de protocolo, apenas com lixo eletrônico. Um grande potencial, perdido em um planeta esquecido da galáxia, sem expectativas ou perspectivas de futuro, até que a chegada acidental de uma comitiva composta pelo mestre Jedi Qui-Gon Jinn e a rainha disfarçada Padmé Amidala encontram o ferro velho de Watto, seu senhor.

Eles precisam de uma peça de reposição para sua nave que Watto tem em seu estoque, mas pede um valor muito acima do que eles possuem. O Jedi, então, aposta alto em Anakin, colocando sua nave em uma corrida de pods. O jovem vence a corrida e, com isso, ganha sua liberdade e partirá com Qui-Gon, que acredita que ele seja o Escolhido das antigas profecias Jedi. Anakin voltaria a Tatooine uma década depois, como um cavaleiro Jedi, à procura de sua mãe.

Nosso personagem de hoje era um escravo que foi comprado por um alto preço, recebendo sua liberdade a partir de então. Este pode ser um belo resumo do plano de redenção de Deus para a humanidade! Que maneira de começarmos nossa jornada de 40 dias para mergulharmos no conhecimento a respeito de Jesus e sua grande obra!

Para entendermos a graça da liberdade que existe em Jesus, é necessário entendermos o que significa ser um servo ou escravo. Aquele que pertence a outra pessoa não possui vontade própria, bens, riquezas ou livre arbítrio, pois quem decide a seu respeito é seu senhor ou dono. Antes de Cristo, existe um senhor para nossas vidas:

"Jesus respondeu: "Digo-lhes a verdade: Todo aquele que vive pecando é escravo do pecado." João 8:34

A única maneira de mudar esta situação seria comprar nossa dívida com o pecado através de um alto preço. Deus providenciou o que possuía de mais precioso, Seu próprio Filho, para ser o instrumento para nossa liberdade definitiva! Todo aquele que aceita a Jesus como Senhor e Salvador passa por uma mudança radical em sua vida:

"Pois ele nos resgatou do domínio das trevas e nos transportou para o Reino do seu Filho amado." Colossenses 1:13

A partir deste momento, deixamos de ser escravos do pecado para nos tornarmos servos de Cristo. A ideia é a mesma de antes, com a diferença de que ter Jesus como Senhor é a melhor escolha que podemos fazer em nossas vidas!

"Quem me serve precisa seguir-me; e, onde estou, o meu servo também estará. Aquele que me serve, meu Pai o honrará." João 12:26.

Neste sentido, começamos a seguir os passos de nosso novo Mestre, devemos obedecer ao que a Bíblia nos diz, não como uma imposição, mas como uma forma de gratidão pela liberdade que não merecíamos. Iniciamos, então, um processo de amadurecimento espiritual e de conhecimento de nosso Senhor. Existem diferentes níveis de crescimento, mas não deixamos um nível quando atingirmos o próximo, por isso nunca deixaremos de ser servos de Cristo, mas existe muito mais nesta jornada com Ele! À medida que avançamos neste relacionamento, caminhamos para uma mudança importante neste processo:

"Já não os chamo de servos, porque o servo não sabe o que seu senhor faz. Em vez disso, eu os tenho chamado de amigos, porque tudo o que ouvi de meu Pai eu lhes tornei conhecido." João 15:15

Oro por uma geração de amigos de Cristo! Você fará parte deste grupo?

DESAFIO: O primeiro desafio de nossa jornada é um convite para aqueles que ainda não romperam com o lado sombrio do pecado para aceitar o lado luminoso da força que está em Cristo Jesus! Se você nunca fez esta oração, faça agora mesmo repetindo em voz alta: "Pai, em nome de Jesus, eu o aceito como único e suficiente Senhor e Salvador de minha vida, me arrependo de meus pecados e te peço perdão por eles. Escreva meu nome no Livro da Vida, e me ajude a nunca mais me afastar de Ti. Em nome de Jesus, amém!" Eu quero conhecer você que fez esta oração pela primeira vez e conversar contigo sobre o que vem agora! Envie uma mensagem para o Direct de nosso Instagram: @parabolasgeek, para trocarmos uma ideia sobre sua nova vida!

DIA 02

QUI-GON JINN

"Havia em Jerusalém um homem chamado Simeão, que era justo e piedoso, e que esperava a consolação de Israel; e o Espírito Santo estava sobre ele. Fora-lhe revelado pelo Espírito Santo que ele não morreria antes de ver o Cristo do Senhor." Lucas 2.25,26

Qui-Gon Jinn foi um venerável mestre Jedi que adotou um estilo diferente dos demais Cavaleiros da Ordem. Enquanto a maioria focava na meditação da Força Unificadora, Qui-Gon vivia perigosamente, muitas vezes não medindo as consequências de seus atos, sendo um grande crítico de alguns membros do Alto Conselho. Por causa de sua rebeldia e problemas em obedecer a ordens, ele nunca recebeu uma vaga no Conselho Jedi, o mais alto posto para um membro da ordem. Qui-Gon sempre foi um estudioso da Força e dos manuscritos antigos, incluindo as profecias sobre o escolhido que traria equilíbrio para a Força.

Quando sua nave precisa fazer um pouso forçado em Tatooine, conhece o jovem Anakin Skywalker e encontra nele os sinais da antiga profecia, fazendo com que o Mestre Qui-Gon Jinn acredite que a criança seja mesmo o escolhido. Ele pede ao conselho Jedi para treinar Anakin, o que não se cumprirá pois será morto durante uma batalha contra o Darth Maul. Antes de morrer, pede para seu aprendiz, Obi-Wan Kenobi, que cuide de seu protegido, o que ele fará deste ponto em diante.

A Bíblia fala sobre um homem chamado Simeão, que era temente a Deus, sábio e conhecedor das Escrituras. Ele recebeu a promessa de que não morreria antes de ver com seus próprios olhos o Messias prometido. Já no fim de sua vida, Simeão encontrou um casal com uma criança, cujo nome era Jesus e, em seu coração, Simeão sabia que a promessa havia se cumprido.

O Antigo Testamento descreve, desde o livro de Gênesis, que Deus enviaria um Salvador para restaurar a ordem da humanidade perdida na queda do jardim do Éden. Progressivamente, livro após livro, o texto bíblico traz "dicas" a respeito de quem seria esta pessoa especial. Vejamos apenas alguns exemplos:

1) Nasceria de uma virgem - Isaías 7:14;
2) Nasceria em Belém - Miquéias 5:2;
3) O Salvador viria da descendência de Abraão (Gênesis 18:18); da tribo de Judá (Gênesis 49:10) e da linhagem do rei Davi (Isaías 11:1).

Apenas um bom conhecedor das Escrituras poderia juntar todas as peças deste grande quebra-cabeças e, através da revelação do Espírito Santo, reconhecer que o menino Jesus era o Escolhido que traria a salvação para Israel e para toda a humanidade! Simeão era um dos poucos israelitas que conhecia as profecias e ainda "esperava a consolação de Israel".

Jesus Cristo cumpriu TODAS as profecias que falavam a respeito do Messias e estes textos eram conhecidos pelos sábios e religiosos de seu tempo e, mesmo assim, poucas pessoas reconheceram o Mestre quando Ele chegou! Dois mil anos se passaram e, ainda hoje, como nos dias de Jesus, muitas pessoas ignoram o fato de que Ele é o Messias prometido pelo Antigo Testamento!

Conhecer a Bíblia é fundamental para aqueles que se dizem cristãos, pois ela contém todas as informações que precisamos para uma vida bem-sucedida na terra. Existem centenas de promessas para nossas vidas esperando para serem descobertas através da leitura e apropriação do texto bíblico! Porém, apenas ler não transforma nossas vidas, mas sim colocar em prática aquilo que lemos. Simeão sabia que a promessa se cumpriria, por isso estava atento para o seu cumprimento! Da mesma forma, eu e você precisamos entender, de uma vez por todas, a importância da Bíblia para nossa jornada, pois ela é o mapa que nos leva ao nosso destino em Deus!

Desafio: Nada melhor do que colocar em prática a importância da leitura da Palavra de Deus! Vamos iniciar um plano de leitura bíblica para lermos toda a Bíblia? Escolha aquele que melhor se adequa à sua realidade e mergulhe no centro da vontade de Deus para sua vida!

DIA 03

OBI-WAN KENOBI

"Se um inimigo me insultasse, eu poderia suportar, se um adversário se levantasse contra mim, eu poderia defender-me; mas logo você, meu colega, meu companheiro, meu amigo chegado." Salmos 55.12,13

Obi-Wan Kenobi foi um grande Jedi em sua geração. Treinado em sua infância por Mestre Yoda e depois por Qui-Gon Jinn, cresceu rapidamente na estrutura Jedi durante os últimos anos da República Galáctica, como um dos generais das Guerras Clônicas. Com a morte de seu mentor, que acreditava que Anakin Skywalker era o escolhido das antigas profecias Jedi, Obi-Wan passa a treiná-lo. Os eventos que se desenrolam com a guerra entre republicanos e separatistas moldarão o futuro de nosso personagem de hoje.

As guerras clônicas ocultaram um propósito dos antagonistas dos Jedi: os Sith, que planejaram tomar o poder através da formação de um império galáctico com poder absoluto. Este plano foi muito bem arquitetado por Darth Sidious, conhecido como Palpatine. O resultado deste plano trouxe duas consequências diretas para Obi-Wan. Em primeiro lugar, seu discípulo Anakin abandona o lado luminoso da Força para mergulhar no lado sombrio, transformando-se em Darth Vader. Os dois enfrentam-se no planeta Mustafar e Obi-Wan é forçado a derrotar aquele a quem tanto amou e se dedicou ensinando os caminhos da Força. Anakin sobrevive e, mesmo muito ferido, será transformado no terror do império, causando medo por onde passar. Em segundo lugar, quando o imperador Palpatine decreta a Ordem 66, os clones, que antes eram soldados leais à República, passam a caçar e sistematicamente destruir todos os cavaleiros Jedi. Restam poucos que precisam viver em exílio desde então.

A história de hoje faz com que eu me recorde de algo semelhante que não é mera ficção, como Star Wars. Obi-Wan Kenobi ensinou, treinou, passou tempo com Anakin, buscando, através de seu exemplo, ajudar seu aprendiz em sua jornada. Ao invés disso, ele se rebela contra tudo aquilo que seu mestre representava e será um inimigo dos Jedi dali em diante.

Gostaria de abordar o tema da decepção neste Devocional. Podemos nos decepcionar, ao mesmo tempo em que decepcionamos pessoas ao nosso redor. Como devemos lidar com este sentimento em nossas vidas?

Gostaria de mostrar na Bíblia duas maneiras de lidar com a decepção. A primeira delas é através do profeta Jeremias, conhecido como o profeta das lágrimas, que passou 40 anos profetizando sobre Jerusalém, sendo sucessivamente decepcionado pela falta de temor do povo para com Deus.

"Por que saí do ventre materno? Só para ver dificuldades e tristezas, e terminar os meus dias na maior decepção?" Jeremias 20:18

A segunda vem do rei Davi, que conhecia muito bem este assunto, conforme o texto base de nosso Devocional. É ele quem nos mostra como resolver este problema no Salmo 34:

"Busquei o Senhor, e ele me respondeu; livrou-me de todos os meus temores. Os que olham para ele estão radiantes de alegria; seus rostos jamais mostrarão decepção." Salmos 34:4,5

Eu gostaria de mudar sua perspectiva a respeito da decepção. Quando clamamos pelo direito de nos ofendermos pelas atitudes de alguém, na verdade estamos mais preocupados com o nosso bem-estar do que com a pessoa. Com Jeremias, aprendo que existe um lugar para derramar meu coração em meio às frustrações da vida: a presença de Deus! Use o tempo de oração no secreto para abrir suas tristezas diante daquele que é Digno para ouví-las e que não muda por causa de nosso discurso!

Com Davi, eu aprendo que tudo em minha vida é uma questão de perspectiva. Enquanto olho para minha dor, minhas tristezas e decepções, sofrerei com desconfiança, depressão, mágoas, raiva ou ódio. Mas, quando buscar ao Senhor, posso ter a ousada certeza de que seremos libertos de todos os nossos temores e decepções!

Desafio:
Peça perdão para pessoas a quem você decepcionou nestes dias, em especial em sua família (pais, filhos, cônjuge). Além disso, libere pessoas que te decepcionaram, orando a Deus e conversando com elas!

DIA 04

MESTRE YODA

"Digo-lhes a verdade: Entre os nascidos de mulher não surgiu ninguém maior do que João Batista; todavia, o menor no Reino dos céus é maior do que ele." Mateus 11.11

O planeta de origem de Yoda ainda hoje é desconhecido, bem como a raça ou espécie à qual pertence. Medindo apenas 76 centímetros de altura, ele foi um dos maiores mestres Jedi da história, através de uma longa existência de quase 900 anos. Em nossa primeira abordagem a seu respeito (em nosso livro "Devocional Pop"), falamos sobre a humildade necessária para alguém de seu tamanho. Sendo tão pequeno, suas palavras não teriam valor se não viessem acompanhadas por atitudes. Por esta razão, este é, sem a menor sombra de dúvidas, um dos meus personagens prediletos no Universo de Star Wars.

Yoda alcançou uma gigantesca afinidade com a Força e foi um dos maiores combatentes com o sabre de luz, com habilidades acrobáticas incríveis, extraídas do estilo de luta chamado "Forma IV". Além de sua agilidade e habilidades com o sabre, ele é extremamente sábio, fruto de sua longevidade. Foi o Grão Mestre da Ordem Jedi, sendo o responsável pelo treinamento de todos os Younglings desde que ingressou na Ordem, com algumas exceções, entre elas, Anakin Skywalker. Seu principal aluno foi Luke Skywalker, por algumas razões especiais, pois foi o primeiro aluno depois da queda da República, durante seu exílio no planeta Dagobah. Luke era a esperança Jedi, pois Yoda era o último remanescente da antiga Ordem e Luke, o primeiro de uma nova geração. Antes de sua morte, Yoda serviu como uma ponte entre duas eras da Ordem Jedi na Galáxia: ele foi o fim da antiga e visualizou o início da nova.

Este é o ponto que eu gostaria de abordar com vocês em nosso Devocional de hoje. Assim como Mestre Yoda preparou o caminho para uma nova Ordem Jedi na Galáxia, outro personagem fez algo semelhante no Novo Testamento. Seu nome era João Batista. Ele foi o último dos profetas vinculados à Lei do Antigo Testamento e fez a ponte com Cristo, o Salvador que instaurou a Era da Graça sobre a humanidade.

Gostaria de aproveitar a trajetória de Mestre Yoda para falar com você a respeito de nosso papel em nossa geração. Uma das maiores estratégias de nosso inimigo é separar as gerações para que não exista a comunicação e a ajuda mútua entre elas. A geração mais experiente já errou bastante ao longo de sua jornada e pode ajudar os mais novos a não cometerem os mesmos erros que eles. Os mais novos possuem a força e a coragem para construir projetos de Deus em nosso presente! Ambos são fundamentais para a construção de famílias e igrejas saudáveis!

Por esta razão, precisamos tomar bastante cuidado com as distrações que nos afastam das pessoas com as quais precisamos manter um relacionamento saudável. Filhos, tomem cuidado com o tempo que vocês passam nas redes sociais ou no vídeo game enquanto estão em casa. Separem um tempo para conversar e estabelecer um diálogo com seus pais e irmãos. Pais, tomem cuidado para não ficarem tão atarefados com o sustento da família e deixarem de lado o tempo de qualidade com esposo, esposa e filhos.

Além da família, precisamos construir pontes também com a sociedade em que vivemos. Tome cuidado com os discursos que você profere em suas redes sociais. Reflita se o que você posta aproxima as pessoas do Jesus que você serve.

Mesmo pertencendo a dois mundos diferentes, João Batista e Jesus caminharam em concordância e honra mútuas. Devemos fazer o mesmo em nosso tempo! Honre os que vieram antes de você e não despreze os mais novos na fé, por sua falta de experiência! Esta é uma das chaves para uma vida dinâmica na terra!

Desafio: Avalie o tempo de qualidade que você passa com sua família. Marque uma reunião com todos os membros e estabeleçam juntos um dia na semana para ser o dia do encontro. Um dia no qual possam almoçar ou jantar juntos, fazer uma atividade, jogar um jogo de tabuleiro, conversar, enfim, ter um tempo de comunhão. Transforme este tempo em um hábito em sua família!

DIA 05

PADMÉ AMIDALA

"Quem é sábio e tem entendimento entre vocês? Que o demonstre por seu bom procedimento, mediante obras praticadas com a humildade que provém da sabedoria."
Tiago 3.13

Padmé Amidala Naberrie foi a rainha de Naboo e depois Senadora da República Galáctica. Ela se destacou no cenário político e diplomático, após a invasão de seu planeta pela Federação de Comércio. Seu discurso em prol da liberdade do sistema republicano fez dela alvo constante de tentativas de assassinato por parte de seus inimigos. Durante o início dos conflitos em Naboo, o Conselho Jedi envia o Mestre Qui-Gon Jinn e Obi-Wan Kenobi para intermediar o conflito. Nos eventos que se desenrolam, o grupo faz uma parada forçada no planeta Tatooine, onde conhece o escravo Anakin Skywalker, que tinha nove anos na ocasião. Uma grande amizade tem início, amizade esta que vai se transformar em um romance, um casamento secreto proibido e na gravidez dos gêmeos Luke e Leia. Padmé morre logo após o parto dos gêmeos, ferida pelo próprio Anakin, corrompido pelo lado sombrio da Força. Ela morreu acreditando na bondade de seu marido, que, neste momento, já havia se transformado em Darth Vader.

Um detalhe muito interessante sobre nossa personagem de hoje: durante seu reinado, ela abriu mão de sua posição como rainha diversas vezes, vestindo-se como uma de suas damas para poder circular entre as pessoas comuns. Nestas ocasiões, uma espécie de dublê ocupava seu lugar no trono de Naboo. Ela agia desta forma para não chamar a atenção e para se proteger dos ataques constantes contra sua vida.

Jesus Cristo, o Filho de Deus, fez algo semelhante quando abriu mão de Sua glória para caminhar entre nós, para viver na terra e sofrer em nosso lugar. O detalhe de nossa reflexão de hoje passa pelo conceito bíblico da humildade.

O exemplo real de Jesus e o fictício de Amidala podem nos ajudar a compreender melhor esta ideia. A Bíblia fala a respeito de dois tipos de humildade: uma verdadeira e uma falsa:

"O temor do Senhor ensina a sabedoria, e a humildade antecede a honra." Provérbios 15:33

É muito comum confundirmos humildade com pobreza ou subserviência, que é o ato de se humilhar frente a outras pessoas, o que está muito distante do significado bíblico para a palavra. A humildade bíblica entende que, mesmo havendo dons e talentos válidos, eles não significam nada diante da grandeza de Deus. Padmé não deixou de ser rainha quando vestiu-se como alguém comum, mas fazia isso por um bem maior: o povo de Naboo. Jesus não deixou de ser Deus quando veio à terra como homem, mas fez isso por um bem maior: a humanidade!

"Essas regras têm, de fato, aparência de sabedoria, com sua pretensa religiosidade, falsa humildade e severidade com o corpo, mas não tem valor algum para refrear os impulsos da carne." Colossenses 2:23.

O apóstolo Paulo está alertando a igreja em Colossos sobre um comportamento reprovável, denominado de falsa humildade. O capítulo 2 da carta aos Colossenses responde a alguns comportamentos de pessoas que estabeleciam alvos espirituais muito altos que a maioria não conseguia alcançar. Colocavam-se como pessoas superiores e espirituais com um discurso falso de humildade. Na verdade, eram orgulhosas e arrogantes.

Outro elemento presente no discurso da falsa humildade é a baixa autoestima. Pessoas que colocam-se abaixo das demais achando que a humilhação é sinônimo de humildade. Este discurso está muito longe da verdade bíblica que transforma órfãos em Filhos e Filhas de Deus quando aceitam a Jesus como Senhor e Salvador de suas vidas!

Viva de maneira humilde, nunca esquecendo-se de que Deus amou você de tal maneira que enviou Seu único Filho para que você vivesse de maneira digna nessa jornada!

Desafio: Escreva como você definia humildade antes de ler este devocional e como você enxerga este conceito agora. Houve alguma mudança em sua mentalidade? Contribua com a discussão postando em suas redes sociais, não esquecendo de nos marcar para interagirmos com você! (@parabolasgeek e @editoracemporcentocristao).

DIA 06

JANGO FETT

"O traidor havia combinado um sinal com eles: 'Aquele a quem eu saudar com um beijo, é ele: prendam-no e levem-no em segurança". Marcos 14.44

Jango Fett nasceu no planeta Concord Dawn. Sua origem é uma verdadeira tragédia, pois sua família foi morta pelo grupo denominado Sentinelas da Morte, que eram caçadores de recompensa mandalorianos, cujo líder era conhecido como Viszla. Jango foi o único sobrevivente e, na fuga, salvou um grupo de mandalorianos liderados por Jaster Mereel. Como recompensa, Jango foi adotado por ele, que o treinou como um mandaloriano.

Jaster foi traído por Montross, seu braço direito. Jango assumiu o posto de líder do grupo, após a morte de seu mestre. Outro revés acontecerá quando seu grupo cair em uma armadilha no planeta Galidraan, onde toda sua equipe será morta pelos Jedi, que seguiram pistas e acusações falsas dadas pelo conde Dookan. Após esta nova derrota, ele será preso pelos Jedi e passará anos como prisioneiro da Ordem. Quando consegue escapar, está sozinho novamente, voltando a atuar como um caçador de recompensas que será contratado para ser a matriz genética do exército de clones da República, que serão conhecidos como Clone Troopers. Como pagamento para esta missão, além do dinheiro, ele pede um clone que cresça naturalmente, pois os clones possuíam um processo de aceleração de crescimento. Jango chamou este clone de Boba Feet e cuidou dele como um filho.

Jango Fett concedeu o pacote genético que deu origem a um exército gigantesco com seu rosto e suas habilidades. Este é o elemento central para o nosso Devocional de hoje. O texto bíblico que utilizamos como base descreve o momento em que Judas traiu Jesus. Sempre imaginei qual seria a necessidade de Judas ir com os captores até o local combinado para a entrega. Não seria mais fácil para ele simplesmente descrever a fisionomia, as roupas que Jesus estava vestindo e pronto? Isso sempre me intrigou e hoje posso supor uma razão para isso. Quando leio este texto junto a outros de Seus discípulos, este quebra-cabeças parece fazer sentido:

"Pouco tempo depois, os que estavam por ali chegaram a Pedro e disseram: 'Certamente você é um deles! O seu modo de falar o denuncia.' Aí ele começou a se amaldiçoar e a jurar: 'Não conheço esse homem!' Imediatamente um galo cantou." Mateus 26:73,74 - grifo meu.

Embora isto não esteja no texto bíblico, pois é apenas uma suposição, tenho a tendência de crer que os discípulos, de fato, pareciam com Jesus no falar, na aparência e no vestir, razão pela qual Judas teria tomado o cuidado de ir junto aos captores para certificar-se de que prenderiam a pessoa certa e não um dos onze, querendo se passar por Jesus.

Quando passamos tempo com Jesus através das disciplinas espirituais, buscando intimidade com Ele através das Escrituras, orando em nosso secreto e cumprindo nosso chamado coletivo como Igreja, começamos a nos parecer com Cristo. Quando o buscamos com intensidade, começamos a entender como Ele pensa e age, através do que ficou registrado na Palavra. Este é o último estágio ou nível de maturidade espiritual que a Bíblia nos traz:

"Basta ao discípulo ser como o seu mestre, e ao servo, como o seu senhor." Mateus 10:25a

É maravilhoso saber que é suficiente gastarmos nossa vida buscando ser como nosso Mestre, ao invés de tentarmos ser melhores do que os outros! Este sempre foi e continua sendo o plano redentor de Deus para a humanidade: gerações de filhos e filhas semelhantes ao primogênito Jesus Cristo!

Desafio: Pense em situações corriqueiras e incômodas do seu dia a dia como: uma fechada no trânsito, uma pessoa que ofende você, estar atrasado para um compromisso importante... (complete a lista com coisas do seu dia a dia!) Agora pense como Jesus agiria se estivesse em seu lugar em cada uma das situações que você colocou no papel e compare com o que você faria. Suas atitudes são parecidas com as do Mestre?

DIA 07

CLONE TROOPERS

"O menino crescia e se fortalecia, enchendo-se de sabedoria; e a graça de Deus estava sobre ele." Lucas 2.40

Nos últimos dias da Velha República, houve uma violenta guerra entre separatistas, que utilizavam um exército composto por droides de combate e os republicanos, que fabricaram um grande exército de clones leais aos interesses da República, chamados Clone Troopers. Todos os soldados deste grande exército de mais de três milhões de soldados foram gerados a partir do material genético do caçador de recompensas, Jango Fett. Junto com seu biotipo, os clones possuíam todas as suas habilidades. Produzidos no planeta Kamino, estes soldados possuem o mesmo rosto, força e habilidades. Em sua estrutura, apresentam uma interessante característica que eu gostaria de explorar com vocês neste dia.

Os clones possuem um crescimento acelerado, o que permitiu que estivessem aptos a lutar muito mais rápido do que se tivessem crescido como um humanoide comum. Este fator foi fundamental para equilibrar a batalha na Galáxia. Eles lutaram ao lado dos Generais Jedi contra as forças separatistas lideradas pelo Conde Dookan e General Grievous, sob as ordens do Chanceler Palpatine, que elaborou um complexo plano, com o objetivo de revelar os Sith e inaugurar um Império sob seu comando. Quando todos os peões de Palpatine estavam no lugar em que ele havia planejado, ele executa a ordem 66, que faz com que os clones passem a caçar e matar os cavaleiros Jedi, dando origem ao Império e extinguindo a Velha República. Todos os clones passam agora a lutar pelo Império e serão a primeira geração dos agora Stormtroopers, "a face do Império" segundo as palavras do imperador. Porém, o mesmo fator que determinou sua entrada nas guerras clônicas, agora fará com que sejam descartados pelo alto comando do exército imperial: seu crescimento acelerado. Eles envelheceram muito rápido e muitos morreram, outros perderam a razão, levando o exército a convocar jovens da galáxia para compor sua força de batalha.

O crescimento acelerado dos clones é o assunto de nosso Devocional de hoje. Vivemos em dias nos quais a sociedade deseja que tudo aconteça de maneira instantânea. Queremos estudar pouco, ganhar muito dinheiro, ser bem-sucedidos, tudo isso o quanto antes. Esta mentalidade pode influenciar nosso comportamento como cristãos. Se você, caríssimo leitor ou leitora, já leu algum de meus livros anteriores, com certeza já entendeu que nossa vida com Deus é composta por processos. Não podemos pular etapas em nosso treinamento com Jesus, sob a pena de terminarmos mal nossa jornada, como os personagens de hoje.

A Bíblia nos diz que Jesus, mesmo sendo Deus, passou por todos os processos ao longo de sua jornada e se preparou para seu ministério por exatos 30 anos, para, só então, se revelar ao mundo e cumprir seu chamado em sua plenitude! Devemos imaginar que, se Ele fez isso, muito mais eu e você devemos também respeitar e realizar nossa preparação, para cumprirmos nosso papel em nossa geração! Você pode ter o sonho de realizar grandes coisas para Deus, mas para isso você precisa aprender a viver uma vida no secreto, longe dos holofotes, plataformas, views e likes em redes sociais! Até podemos iniciar uma boa jornada como a primeira parte da história dos clone troopers, mas não terminaremos bem, caso venhamos a negligenciar o relacionamento com Deus ou a importância da Bíblia em nossas vidas! Viva seus processos e cresça em graça e sabedoria como Jesus!

Desafio: Quais são os processos pelos quais você tem passado e que deseja deixar para trás? Preste atenção, pois os elementos nos quais encontramos maior dificuldade são aqueles em que devemos investir mais para vencer e permanecer! Faça uma lista com os itens mais difíceis para você e ore a Deus por sabedoria e fortalecimento!

Não se esqueça da frase do pastor Daniel Jardini: "Quem pula etapa, leva tapa!"

DIA 08

C-3PO

"Todos recebemos da sua plenitude, graça sobre graça." João 1.16

Quando dissemos que o jovem Anakin Skywalker era um prodígio, não estávamos brincando. Ainda criança, ele constrói o droide de protocolo C-3PO, a partir de um monte de sucata. De uma série de peças que não serviam para mais nada, Anakin construiu um droide novo, oferecendo a centenas de peças um novo significado.

Construído originalmente para ajudar sua mãe, Shmi Skywalker, nos trabalhos domésticos, 3PO, como é chamado pelos seus amigos, tinha muito mais a oferecer do que simplesmente ajudar a cuidar de uma casa. Sua natureza é diplomática, pois é fluente em mais de seis milhões de dialetos de toda a galáxia.

Sua origem será contada no Episódio I da saga, onde vemos que ele ainda não está terminado, pois todos os seus componentes estão expostos. Quando o reencontramos, cerca de dez anos depois, no Episódio II, seu corpo já está revestido de placas de metal, colocadas por Shmi. A senadora Padmé Amidala leva o droide, após a morte da mãe de Anakin, para ajudá-la em missões diplomáticas no senado da República, substituindo, mais uma vez, sua carcaça externa por placas douradas. Ao longo de toda a saga, ele foi destruído e remontado diversas vezes, sempre tendo suas peças recolhidas para que pudesse estar disponível para ajudar seus amigos no futuro. Durante sua jornada, ganha um amigo inseparável chamado R2-D2 e, com ele, forma a dupla mais querida dos fãs de Star Wars, pelo tom cômico de seus diálogos e das inúmeras confusões nas quais se metem.

O elemento central em nosso Devocional de hoje é a trajetória de C-3PO e como ela se aproxima de nossa jornada antes e depois de Cristo.

1 – Antes de Cristo, somos como a sucata no lixo, sem uma função específica. Sem Jesus, nossa existência é vazia e sem propósito. Muitas pessoas já sentiram o prazer de fazer parte dos projetos de Deus no passado, mas, por qualquer razão, se afastaram da igreja e dos caminhos do Senhor. Foram peças úteis que hoje já não encontram uma utilidade para sua vida.

2 – Anakin Skywalker, o criador do droide, representa o encontro com Cristo em determinado momento de nossas vidas. Aquilo que estava quebrado ou destruído passa a ter vida novamente, através da salvação e do genuíno arrependimento dos pecados.

3 – Sua aparição no Episódio I representa nossa vergonha exposta diante da glória de Deus sobre nossas vidas. Devemos chegar diante de Deus como estivermos, mas não podemos permanecer desta maneira.

4 – Sua nova aparência no Episódio II reflete o início da jornada de amadurecimento cristão. Com as emoções curadas, é possível revestir o interior com um novo exterior.

5 – Sua famosa aparência dourada, que será seu design oficial deste ponto em diante, nos leva a pensar na maneira como alcançamos nosso propósito de vida, pois, finalmente, ele estará desenvolvendo a função para a qual foi criado!

6 – Suas sucessivas destruições nos ajudam a entender que, em nossa vida cristã, teremos desafios diante de nós, mas que podemos confiar em Cristo e em Seu poder para nos livrar de todo o mal e nos fazer recomeçar nossa jornada, quantas vezes forem necessárias!

Que todos possamos entender que o que nos mantém vivos nesta terra é a Graça e a Misericórdia divinas sobre nós, dia após dia, graça sobre graça!

Desafio: É maravilhoso relembrar o lugar de onde saímos e de onde o Senhor nos resgatou. Que tal escolher alguém que está iniciando sua jornada com Cristo em sua igreja local e orar pela vida dele e se colocar à disposição para ajudar no que ele ou ela precisar? Tenha a prudência de conversar com alguém do mesmo sexo que você para esta tarefa: homens ajudam homens e mulheres ajudam mulheres. Ore pela vida desta pessoa pelos próximos 30 dias, até o final deste devocional e depois nos conte no direct do Parábolas (@parabolasgeek) os testemunhos deste tempo de oração!

DIA 09

R2-D2

"Eu sou o Alfa e o Ômega, o Primeiro e o Último, o Princípio e o Fim."
Apocalipse 22.13

R2-D2 é um droide responsável pela manutenção e navegação de naves, além de copiloto, conhecido como droide astromecânico. Tem uma forma específica de comunicação através de sons eletrônicos. Ele faz parte da nave que recebe os projetos da estação imperial Estrela da Morte, apontando sua fraqueza e como poderia ser destruída. A nave será abatida, princesa Leia Organa será sequestrada por Darth Vader, mas antes consegue enviar R2 e seu companheiro de jornada C-3PO. Ambos caem em Tatooine, onde serão pegos pelas tribos do deserto que os revenderão para a família de Luke Skywalker, que vai descobrir a mensagem da princesa Leia pedindo ajuda. Esta mensagem mudará a vida do jovem para sempre.

Quando assistimos os três primeiros episódios da saga chamada Trilogia Prequel, ou prequela, descobrimos que R2-D2 sempre esteve próximo aos Skywalker, primeiro com Anakin, depois com seu filho Luke. No fim do episódio 3, a memória de C-3PO é apagada, mas a de R2 não. Assim, ele é o único personagem que conhece todos os detalhes de tudo o que envolve a trama principal dos eventos da saga. Seu conhecimento vasto estava disponível o tempo todo, porém não será utilizado pelos novos personagens da trilogia mais recente, que será concluída com o Episódio IX em 2019.

Esta característica do droide será o ponto de partida para o nosso devocional de hoje. Assim como R2 tinha acumulado todo o conhecimento do que aconteceu ao longo dos episódios de Star Wars, temos acesso a alguém que possui todo o conhecimento acumulado desde a fundação do mundo: Jesus Cristo! João nos revela que Ele estava presente desde o início e foi testemunha ocular da criação de todas as coisas. Cristo é a personificação da sabedoria divina em todo o seu esplendor! Sua morte e ressurreição tornou acessível este conhecimento a todos aqueles que O aceitam como Senhor e Salvador de suas vidas! O livro de Provérbios traz diversos conselhos a respeito da importância na busca pela sabedoria, como por exemplo:

"O temor do Senhor é o princípio da sabedoria, e o conhecimento do Santo é entendimento." Provérbios 9:10

"O conselho da sabedoria é: procure obter sabedoria; use tudo que você possui para adquirir entendimento." Provérbios 4:7

A sabedoria está acessível para aqueles que buscarem uma vida com Deus longe de um emaranhado de rituais vazios. Você precisa estabelecer uma cultura de relacionamento com nosso Criador para que tenha acesso a tesouros de sabedoria disponíveis apenas para aqueles que O buscam.

"Aquele que forma os montes, cria o vento e revela os seus pensamentos ao homem, aquele que transforma a alvorada em trevas, e pisa sobre as montanhas da terra; o SENHOR, o Deus dos Exércitos, é o seu nome."
Amós 4:13

O grande problema é que, muitas vezes, fazemos o mesmo que os heróis no episódio VII da saga. A informação de que eles precisavam estava muito próxima, pois R2-D2 estava na nave da Resistência desde o início do filme, mas não a utilizaram. Ao invés disso, procuraram Luke pela galáxia inteira, quase perdendo as esperanças de encontrá-lo. Como eles, muitas vezes desejamos resolver tudo pelas nossas próprias mãos, errando, sofrendo com as consequências de nossas escolhas. Não se esqueça que você pode buscar em Deus as respostas para suas questões. Ore antes de tomar uma decisão importante, quando precisar de alguma coisa fora de seu alcance para que Ele possa abençoar e compartilhar segredos de seu coração para este tempo.

Permaneça em constante busca por conhecimento. Estude durante toda a sua vida, buscando aprender cada vez mais. Porém, não esqueça de que apenas com a revelação divina seu conhecimento será transformado em sabedoria!

Desafio: Crie o hábito de orar a respeito das decisões importantes em sua vida! Coloque TODAS as áreas aos pés da Cruz de Cristo, através da oração!

DIA 10

JAR JAR BINKS

"Com o coração cheio de alegria, gritaram: 'Tragam-nos Sansão para nos divertir!' E mandaram trazer Sansão da prisão, e ele os divertia." Juízes 16.25a

Jar Jar Binks é o filho do rei dos Gungan, uma espécie que vive nas profundezas aquáticas do planeta Naboo. Mesmo fazendo parte da nobreza, ele foi banido por seu povo por ser extremamente atrapalhado, causando grandes estragos em seu povo. Quando o planeta é invadido pela Federação do Comércio e Federação Bancária (a mando de Palpatine), Jar Jar é salvo por Qui-Gon Jinn e, em gratidão, oferece sua vida ao Jedi para serví-lo.

Ele será fundamental para selar um acordo entre os humanos e os gungans para lutarem contra os invasores, transformando-se em um herói entre o seu povo. Mais tarde, será o Vice-Senador de seu planeta. Ele dará seu voto favorável à moção do Supremo Chanceler Palpatine para transformar a República Galáctica no Império, dando poderes ilimitados ao imperador sem os freios do Senado.

Embora não vejamos mais sua figura após o episódio III, a Vingança dos Sith, o livro "Aftermath: o fim do Império", de 2017, revela o destino de nosso personagem de hoje. Idoso, vive seus dias entretendo crianças refugiadas que chegam todos os dias fugindo do conflito entre a Nova República e os remanescentes do Império. Seu voto favorável selou seu destino diante do povo. O livro relata que ninguém falava ou se lembrava dele. Apenas as crianças riam das brincadeiras, enquanto os adultos sequer olhavam para o gungan. Um final trágico e triste para o personagem que foi inserido na trama para ser o alívio cômico da segunda trilogia.

Pensando na trajetória de Jar Jar, lembrei de um personagem que também foi um herói para seu povo, cometeu erros e pagou muito caro por eles. Sansão foi o juiz de Israel durante um período de muita tensão e conflitos. Sua história está descrita no livro de Juízes, nos capítulos de 13 a 16. Sansão era um nazireu, alguém separado por Deus para uma vida diante Dele. Por esta razão, ele não podia cortar seu cabelo, tocar em corpos mortos ou ainda tomar bebidas fermentadas. Esta vida diferente das pessoas comuns concedeu a ele uma força descomunal, que o fazia enfrentar centenas de filisteus sozinho, tornando-se um herói para seu povo, que celebrava suas vitórias contra os inimigos.

Tudo ia muito bem, até que ele começou a se acostumar com a unção que recebeu e tornou-se desleixado com as regras que o mantinham separado do pecado e do mundo. Apaixonou-se por uma filisteia chamada Dalila que tentou várias vezes descobrir a fonte de seu poder para contar ao exército. Mesmo brincando com Dalila e derrotando aqueles que tentavam capturá-lo, Sansão começou a flertar com o perigo de uma vida na qual os princípios não importavam mais. Ele agia em nome de Deus, mas não vivia mais para Ele. O corte de seu cabelo foi apenas o ponto mais profundo do afastamento de seu propósito e relacionamento com Deus. Sansão foi capturado e passou a ser entretenimento para o inimigo. O juiz que era um herói tornou-se agora motivo de chacota entre os filisteus. Um fim trágico para alguém com muito potencial que pagou pelos seus erros, mas que também fez todo o seu povo sofrer com suas atitudes descuidadas.

Que todos possamos refletir no fato de que nossas atitudes afetam não apenas a nossa própria vida, mas a de outras pessoas próximas! Sansão teve uma chance de redenção, mas Jar Jar amargou as consequências de suas atitudes pelo resto de sua vida.

Desafio: Leia hoje toda a história de Sansão na sua Bíblia (Juízes, capítulos 13 ao 16) prestando atenção a cada deslize que fez o juiz se distanciar de seu voto de nazireu. As regras deste voto foram dadas à sua mãe no primeiro capítulo, por um anjo do Senhor. Se esta história fosse contada hoje, quais seriam os perigos que esta pessoa separada por Deus deveria evitar para manter seu relacionamento com Ele? Publique sua resposta em suas redes sociais, nos marcando para que possamos compartilhar seu desafio!

DIA 11

CONDE DOOKAN

"Ora, Judas, o traidor, conhecia aquele lugar, porque Jesus muitas vezes se reunira ali com os seus discípulos." João 18:2

Conde Dookan nasceu no planeta Serenno e tornou-se um Jedi que começa a questionar os métodos da Ordem, que, em sua opinião, tinha um uso muito limitado da Força. Com a aparente morte de Darth Maul, Palpatine escolhe Dookan como seu novo aprendiz e concede a ele o nome de Darth Tyranus. Ele lidera os exércitos separatistas e atua como mais um peão no jogo político de Sidious. Aquele que antes lutava defendendo a República, agora atua como um traidor, obedecendo a tudo que seu mestre ordena.

Palpatine simula sua própria prisão para forçar um confronto entre Dookan e os Jedi Anakin e Obi-Wan. Na luta de sabres de luz que se segue, Anakin vence e o desarma. Mesmo não oferecendo mais resistência, de joelhos diante do Jedi, o chanceler pede que Anakin mate o Conde. Só então Dookan percebe que também fazia parte do plano de Sidious para corromper o escolhido e trazê-lo para o lado sombrio. Anakin mata o indefeso Dookan e se aproxima cada vez mais de um caminho sem volta que o transformará em Darth Vader.

Existem diversos fatores que levaram Conde Dookan a se transformar em Darth Tyranus, mas o principal deles foi a ingratidão, que se transformou em traição. Ele teve todas as condições de ser um dos melhores Jedi de sua geração, pois foi aprendiz do próprio Mestre Yoda. Mesmo assim, sendo treinado pelo melhor, começou a achar que era superior aos demais. De repente a Ordem era obsoleta, seus procedimentos arcaicos e seus mestres fracos e relutantes no uso da Força. Este discurso soa familiar a você? Caso não tenhamos cuidado, teremos a tendência de cometer os mesmos erros de nosso personagem de hoje.

Sua arrogância transformou seu coração e, de repente, o grupo que o acolheu e investiu em sua vida já não servia mais como antes. Da mesma forma, quando deixamos a gratidão de lado em nossas vidas, teremos os mesmos problemas. A igreja que um dia nos acolheu tão bem quando precisávamos, pode parecer, com o tempo, que não é tão boa assim. O louvor, que antes nos conectava com Deus, pode se tornar repetitivo e cansativo. A mensagem, que antes nos alimentava, pode começar a parecer "rasa" para nosso nível de teologia e inteligência. Se esses pensamentos evoluírem, o próximo passo será começar a falar mal deste grupo para outras pessoas. Como as palavras geram uma reação por parte deste grupo, o próximo estágio desta tragédia anunciada será sentir-se perseguido dentro da igreja. Isso culminará no último estágio, que é sair deste lugar cheio de "hipócritas", que um dia chamamos de lar.

Dookan, o traidor da Ordem Jedi, acabou sendo traído pelo seu novo Mestre, pois nós colhemos apenas aquilo que semeamos. Plante boas sementes em sua jornada para que sua colheita seja abundante! Não feche portas com seus antigos líderes, mas celebre a vida e o ministério deles para que o mesmo aconteça com você! É bastante comum que aqueles que migram de uma igreja para outra, sem a motivação correta, acabem repetindo este procedimento de tempos em tempos, não criando raízes em lugar algum, não amadurecendo em suas jornadas cristãs.

O versículo base para o Devocional de hoje mostra que Judas sabia onde Jesus estaria, pois muitas vezes havia estado com Ele e com os discípulos. Depois de se sentar à mesa com o Salvador, saiu e o traiu. Eu oro neste dia para que algo semelhante NUNCA aconteça conosco, pois muitos em nossos dias dizem amar a Jesus, mas são extremamente cruéis e implacáveis com a igreja, que é a Sua noiva!

Seja alguém que abençoa o Reino de Deus em sua geração!

Desafio: Quanto tempo faz que você não abençoa seus líderes ou verbaliza a importância que eles têm em sua vida? Que tal fazer isso hoje? Líderes atuais ou aqueles que foram essenciais em sua jornada merecem saber que abençoaram sua vida! Ligue para eles ou visite-os esta semana!

DIA 12

DARTH MAUL

"Quem se isola, busca interesses egoístas e se rebela contra a sensatez." Provérbios 18.1

Maul pertence à raça Zabrak, que é originária do planeta Dathomir. Esta sociedade é dividida em duas castas principais: os irmãos e irmãs da noite, as últimas são feiticeiras poderosas que lideram Dathomir. Em outras palavras, Maul vivia em uma sociedade matriarcal. No início de sua jornada, ele foi treinado pela mãe Talzin, até ser encontrado por Darth Sidious, que viu potencial para treiná-lo como aprendiz.

Ele foi treinado secretamente para derrotar a Ordem Jedi, por isso aprimorou suas habilidades ao extremo, dominando o sabre de luz duplo. Aguardando o confronto com os Jedi, recebe de seu mestre o nome de Darth Maul. Ele enfrenta dois Jedi, o mestre Qui-Gon Jinn e seu Padawan Obi-Wan Kenobi. A luta será dramática: Darth Maul derrota Qui-Gon e será derrotado por Kenobi, que o corta ao meio com seu sabre de luz, enquanto assiste sua queda no interior de um reator. Maul sobrevive aos ferimentos e inicia uma jornada em busca de vingança contra seu antigo mestre, que o trocou pelo Conde Dookan e depois, por Darth Vader. Além de sua ira contra Sidious, ele também deseja derrotar Kenobi, aquele que tirou o movimento de suas pernas e o transformou em um ser meio zabrak, meio máquina. Ele será derrotado definitivamente por Obi-Wan quando este já estava no exílio em Tatooine, enquanto cuidava, em segredo, de Luke Skywalker.

Gostaria de aproveitar a história de Darth Maul para explorar a maior regra dos Sith: a regra de dois. Nesta hierarquia, existem apenas dois lordes: um mestre e um aprendiz. A ideia principal é que, ao compartilhar o conhecimento e as habilidades, a Ordem fica mais fraca e tende a desaparecer. Segundo o lorde que restaurou esta filosofia, Darth Bane, o poder não é como uma chama que possa ser passada adiante, mas sim, um veneno que deve permanecer concentrado em um único indivíduo. Assim, o conhecimento do lado sombrio da Força não pode ser compartilhado, a não ser com o seu aprendiz, apenas um que poderá esperar a morte do mestre, ou desafiá-lo a qualquer tempo para um duelo. Muitos aprendizes matavam seus mestres para assumirem seu lugar na estrutura Sith.

A ideia de que o poder é um veneno que precisa permanecer concentrado é o ponto central de nosso Devocional de hoje. Reter o conhecimento e as informações privilegiadas que recebemos ao longo de nossa caminhada é um dos principais sintomas de egoísmo e ingratidão que podemos ter em nossa jornada.

A base do cristianismo saudável é o discipulado, ou seja, trazer os mais novos na fé para mais perto de Jesus, através do exemplo dos mais velhos. Desta forma, podemos dizer que o Evangelho é semelhante ao fogo: por mais que tentem apagar, pequenas brasas podem voltar a incendiar sociedades inteiras com a chama do Espírito Santo em todo o mundo e em todos os séculos de sua história!

A nossa missão é muito clara:

"Portanto, vão e façam discípulos de todas as nações, batizando-os em nome do Pai e do Filho e do Espírito Santo." Mateus 28:19

"Eu lhes dei o exemplo, para que vocês façam como lhes fiz." João 13:15

Jesus nos deu o exemplo, Ele foi perfeito em tudo o que fez na terra. Por isso temos a oportunidade de observar Seus passos através da Bíblia e imitá-Lo como Paulo e os discípulos fizeram, incendiando o mundo conhecido, através da liberalidade em servir. Devemos aprender com Jesus e rejeitar toda a iniciativa egoísta, pois o Reino de Deus é composto por amigos!

Desafio: Como você lida com o egoísmo em sua vida? Você já sentiu o desejo de concentrar o poder ou os elogios em seu ministério, trabalho, estudo? Busque em seu tempo de oração no dia de hoje colocar diante de Deus seu caráter e seu egoísmo! Este é o lugar para sermos sinceros diante do Deus que nos entende e transforma nossa mentalidade! Através de Seu exemplo, podemos nos tornar pessoas menos egoístas!

DIA 13

ANAKIN SKYWALKER
Parte 2

"Mas eles puseram Deus à prova e foram rebeldes contra o Altíssimo; não obedeceram aos seus testemunhos."
Salmos 78.56

Anakin Skywalker já está na Ordem Jedi há algum tempo, sendo agora treinado por Obi-Wan Kenobi como um cavaleiro Jedi, que são os líderes do exército de clones da República na guerra contra os Separatistas. Ele demonstra muito talento no uso da Força e no combate com o sabre de luz. Tamanha habilidade gera muita confiança em seu coração e faz com que ele seja, digamos assim, "flexível" com as regras e ordens dadas por seus superiores. Assim, Anakin começa aos poucos a se desconectar da hierarquia Jedi para fazer sua vontade. Este é o início de sua queda. A autoconfiança e o aparente sucesso de suas missões, mesmo quando contrariam seus superiores, começam a gerar soberba em seu coração. Neste panorama, ele sente que merece uma vaga no conselho Jedi. Este pedido será negado por Mestre Yoda, pois ele encontra sentimentos que podem tornar Anakin instável e imprevisível. Esta recusa, somada à morte de sua mãe e à proximidade com o Chanceler Palpatine, colocará o jovem contra seus líderes.

Dentre as atitudes que contrariaram a Ordem, a mais grave foi seu casamento secreto com Padmé Amidala. Seu grande amor por ela levou-o a buscar ajuda no lado sombrio da Força, na tentativa de prolongar a vida de sua esposa. Antes do fim, agora sob as ordens do imperador Palpatine, Anakin recebe um novo nome, Darth Vader, e tem a missão de destruir o futuro dos Jedi, matando todos os Younglings que eram as crianças que iniciavam seu treinamento Jedi no Templo. Cego pela raiva, ao pensar que sua esposa estava morta, Anakin enfrenta Obi-Wan Kenobi em uma batalha épica, em que ele foi mortalmente ferido, perdendo suas pernas, um de seus braços, tendo seu corpo totalmente queimado ao fim da batalha. Derrotado e destruído, será levado por seu novo mestre para receber um corpo cibernético, uma armadura que o transformaria em um dos maiores vilões da história do cinema.

A trajetória de queda de Anakin Skywalker será o ponto de partida para nosso devocional de hoje. Esta história ilustra muito bem o processo do pecado em nossas vidas. Ninguém acorda em uma bela manhã e resolve de uma hora para outra deixar a Cristo e se afastar dos Seus caminhos. Este afastamento é gradual e sutil, tomamos decisões erradas, que podem mudar a rota de nossa jornada, se não cuidarmos de nossa vida espiritual.

É interessante notar que, no início de seu declínio, Anakin parava para pensar no que estava fazendo, como se sua consciência pedisse para não se casar, ou para poupar o conde Dookan. No final de sua queda rumo ao lado sombrio da Força, no entanto, ele já não questionava suas atitudes, como no terrível massacre dos Younglings no Templo Jedi.

Precisamos estar atentos à doce voz do Espírito Santo, pois Ele nos ajuda a repelir o pecado de nossas vidas. Por esta razão, devemos aprender a este respeito através da Palavra que nos diz:

"Por isso é preciso que prestemos maior atenção ao que temos ouvido, para que jamais nos desviemos." Hebreus 2:1

Devemos tomar muito cuidado para que, os mesmos elementos que originaram Darth Vader, não nos atinjam. Em primeiro lugar, o medo de perder sua esposa fez com que ele fizesse acordos que destruiriam sua vida. Em segundo lugar, o orgulho que tinha de seu poder e habilidade se transformou em soberba, ao achar que a Ordem não o merecia e, por isso, passou a lutar ao lado do inimigo.

Medo e orgulho não podem fazer parte de nossas vidas!

Desafio: Leia o texto bíblico abaixo:
"Assim, aquele que julga estar firme, cuide-se para que não caia!" 1 Coríntios 10:12
Quais as medidas práticas que você pode adotar, a partir deste exato momento, para permanecer firme em Deus? Em que você precisa buscar mais profundidade e o que você precisa de deixar de fazer hoje mesmo?

DIA 14

AHSOKA TANO

"Não há nada escondido que não venha a ser descoberto, ou oculto que não venha a ser conhecido." Lucas 12.2

Ahsoka foi a única Padawan de Anakin Skywalker. Ela foi enviada por Mestre Yoda com 14 anos de idade para ser treinada por ele durante as guerras clônicas.

Ela foi uma criança que aprendeu a lutar e a crescer em meio aos desafios de uma guerra galáctica. Por esta razão, podemos dizer que Ahsoka desenvolveu seus talentos Jedi em um dos momentos mais difíceis da história da Ordem. Durante dois anos ela lutou lealmente pela República, até ser incriminada por uma antiga amiga por um crime que não cometeu. Esta suspeita fez com que Tano fosse expulsa injustamente da Ordem e entregue às autoridades civis para ser julgada, como uma criminosa comum. Ela foi defendida pela senadora Padmé Amidala, sendo absolvida ao término do julgamento. Isto levou o Conselho Jedi a pedir desculpas e a reconhecer seu erro, concedendo-lhe o título de Cavaleiro Jedi.

Este evento abala a sua fé na sabedoria e no papel dos Jedi na guerra e, por isso, abandona a Ordem e despede-se de seu mestre, o qual encontraria novamente como Darth Vader, anos mais tarde. Ela sobrevive ao expurgo Jedi comandado pelo imperador Palpatine e continuará lutando pelo restabelecimento da República na organização de diversas células rebeldes, ao lado do senador Bail Organa, pai adotivo de Leia. Nesta nova fase de sua jornada, usará o codinome Fulcrum e ajudará a equipe de Kanan e Erza. Sua trajetória pode nos ensinar dois poderosos princípios no dia de hoje.

O primeiro princípio diz respeito à sua inocência no julgamento que tratou do bombardeio no Templo Jedi. Ela foi acusada, expulsa da Ordem pelo Alto Conselho, mas, no final, foi provado que ela não foi a responsável pelos ataques. Em nossas vidas, devemos estar preparados para sermos caluniados e injustiçados. Jesus, o Filho de Deus, foi acusado de crimes que não cometeu e foi o alvo de planos orquestrados por seus inimigos para tentar acabar com sua vida. O salmista já retratava esta realidade em sua obra:

"Todos os teus mandamentos merecem confiança; ajuda-me, pois sou perseguido com mentiras." Salmos 119:86

A reação do cristão, quando for caluniado com mentiras ou acusado injustamente, deve ser a de buscar seu refúgio em Deus. Como no texto base de nosso Devocional, nada permanece oculto para sempre, e a verdade sempre vem à tona. Tenha tranquilidade em continuar seu caminho sem se abalar com as mentiras.

O segundo princípio é um alerta com relação ao primeiro. Não podemos dar brecha com relação à honestidade em nossas vidas! Devemos ser transparentes para que não existam pontos fracos em nosso caráter que possam ser usados por nosso verdadeiro inimigo:

"Sejam sóbrios e vigiem. O diabo, o inimigo de vocês, anda ao redor como leão, rugindo e procurando a quem possa devorar." 1 Pedro 5:8

Sobriedade e vigilância devem ser regras de conduta em nossas vidas. Ahsoka foi absolvida porque nada contra ela foi encontrado e, assim, deve ser também conosco. Honestidade nos leva a caminhar com integridade e, por isso, estaremos seguros. A Bíblia nos dá a garantia de que o desonesto acaba sendo descoberto.

"Quem anda com integridade anda com segurança, mas quem segue veredas tortuosas será descoberto." Provérbios 10:9

Creia no cuidado de Deus e em Sua justiça, vigie e esteja atento a todas as áreas de sua vida para não cair em armadilhas. Permaneça fiel, independente das calúnias e mentiras! Você estará seguindo os passos do Mestre Jesus e estará em ótima companhia de gerações e gerações de homens e mulheres de Deus!

Desafio: Faça um checklist das áreas de sua vida: financeira, sentimental, profissional, ministerial, etc. Existe algo oculto nestas áreas ou algo que você não está cuidando direito? Faça uma lista de tudo o que você precisa melhorar nestas áreas. Administrar as finanças da família? Aprender a esperar em Deus? Exercitar a fé? Estabeleça um plano para realizar tudo o que se propôs e viva o melhor de Deus para sua vida!

DIA 15

EZRA BRIDGER

"Deus dá um lar aos solitários, liberta os presos para a prosperidade, mas os rebeldes vivem em terra árida." Salmos 68.6

Ezra Bridger nasceu no dia da instituição do império galáctico. Filho de Mira e Efraim Bridger, um casal que desejava deixar um mundo melhor para seu filho e, por isso, fazia transmissões clandestinas no planeta distante de Lothal, na Orla Exterior. Sua cruzada em romper a censura contra as críticas culminou com a morte do casal quando Ezra tinha sete anos de idade. Órfão, precisou aprender a viver no submundo de Lothal, praticando pequenos crimes, roubando tecnologia para revender no mercado negro. Esta será sua vida pelos próximos nove anos, quando encontrará o Jedi Kanan Jarrus e a célula rebelde que ele lidera, composta por Hera Syndulla, Zeb Orrelios, Sabine e o droide C1-10P, apelidado de Chopper.

O jovem Ezra deixará de ser um órfão sem nenhuma perspectiva de futuro para atuar em uma missão muito mais importante do que ele poderia imaginar, na qual o futuro da galáxia estará em jogo. Além de ganhar uma nova família, unida pelos ideais da República, ele será treinado no caminho Jedi, em um período em que os poucos Jedi que sobreviveram à ordem 66, eram caçados e mortos por Darth Vader e seus inquisidores. Sua habilidade com a Força surge no momento mais sombrio dos Jedi remanescentes.

Nem seu passado trágico, muito menos seu presente sombrio foram capazes de impedir Ezra de cumprir seu propósito em sua geração! Esta é uma grande lição que devemos aprender com ele no Devocional de hoje. Usando o exemplo de nosso personagem, gostaria de destacar dois elementos para nossas vidas. O primeiro deles é sua adaptação e superação à tragédia em sua infância. Ele não esperou que alguém o salvasse da situação em que se encontrava, mas fez uma leitura racional das suas possibilidades e fez o foi necessário para sobreviver. Mesmo cometendo alguns erros, ele sobreviveu ao período mais aterrorizante de sua vida. A Bíblia conta a história do jovem José, que foi vendido por seus irmãos e passou anos vivendo de desafio em desafio, mas sem parar de caminhar rumo ao propósito de Deus para sua vida! Não tire seus olhos de Jesus! Quando olhamos para Ele, durante as tempestades da vida, estaremos seguros, mesmo estando sozinhos!

A segunda lição que podemos extrair da vida de Ezra Brigder está no fato de que ele usou toda a sua experiência anterior à Aliança Rebelde para ajudar nas missões que teria que enfrentar. A Bíblia também conta a história de um judeu pertencente ao grupo dos fariseus, que também era um cidadão romano de nome Saulo. Ele era um dos maiores perseguidores de cristãos de seu tempo, mas teve um encontro com o Cristo que antes perseguia e sua vida nunca mais foi a mesma. Ele usou todo o conhecimento adquirido como fariseu para entender a relação de Jesus com o Messias prometido no Antigo Testamento, o que foi extremamente útil para a escrita de todas as cartas que o agora Paulo deixou para as igrejas com as quais teve contato em seu ministério. Usou sua cidadania romana para acessar os diferentes territórios do Império e, com isso, levou a Palavra de Deus para sua geração.

Acredito que também posso me enquadrar neste exemplo, pois cresci lendo revistas em quadrinhos e, hoje, anos depois desta experiência, escrevo estes livros, aproveitando esta experiência anterior a Cristo. O que quero deixar para vocês, caríssimas e caríssimos leitores, é que todas as nossas experiências podem e devem ser usadas em nossa jornada com Cristo. As boas devem ser repetidas e reproduzidas na vida de outras pessoas, enquanto as más, devem servir como um alerta para que os mais novos na fé não precisem trilhar os caminhos tortuosos pelos quais já passamos!

Desafio: Quais são suas habilidades ou gostos que não estão relacionados diretamente com sua fé? Futebol, Filmes, Pintura, Programação? De que maneira você pode usar este talento para criar um projeto relevante para esta geração? Esboce algumas ideias e converse com seus pastores a respeito!

DIA 16

KANAN JARRUS

"O discípulo não está acima do seu mestre, mas todo aquele que for bem preparado será como o seu mestre." Lucas 6.40

Kanan não é seu nome de nascença. Antes do Império, seu nome era Caleb Dume. Ele é um padawan sobrevivente à Ordem 66, graças ao sacrifício de sua Mestre, Depa Billaba. Desde então, abandona o caminho Jedi, muda de nome e passa a viver como um fugitivo, tentando viver escondido dos inquisidores que queriam exterminar até o último Jedi da galáxia. Passa anos sem manter contato com ninguém, migrando de planeta em planeta para não estabelecer vínculos emocionais ou levantar suspeitas quanto à sua identidade. Este quadro vai mudar drasticamente quando conhece a piloto Hera Syndulla, que o convida para lutar contra o Império em sua célula rebelde. Os dois reunirão um grupo e farão parte do famoso Esquadrão Fênix. O último integrante da equipe será o jovem Ezra Bridger, que é sensível à Força e, por isso, Kanan irá treiná-lo para se tornar um Jedi como ele.

O problema é que Kanan não terminou seu treinamento, pois era apenas um Padawan quando a Ordem 66 foi dada. Por esta razão, não se sentia capaz de treinar Ezra. Conforme o tempo passou, ele provou seus valores Jedi, recebendo do próprio Mestre Yoda, através de uma manifestação da Força, o título de Cavaleiro, completando, assim, seu treinamento. Em sua última missão, Kanan fará o mesmo sacrifício de sua antiga Mestre, para que seu Padawan e sua equipe possam sobreviver a uma grande explosão. O arco do Jedi se fecha, encerrando o ciclo iniciado com o sacrifício de Depa Billaba. O discípulo tornou-se semelhante ao seu mestre, mostrando ao seu padawan os princípios e valores que ele manterá em sua jornada.

Esta história pode nos ajudar muito a conversar sobre discipulado. O texto base para o nosso devocional é muito importante para o entendimento do discipulado. A relação entre discípulo e discipulador deve ser um ambiente saudável de crescimento mútuo, onde tanto quem ensina como quem aprende são beneficiados no processo, crescendo em seu relacionamento com Cristo e com os irmãos. Jesus foi o maior líder da História e seu método de ensino gerava resultados tanto em seus seguidores, como em seus inimigos.

O Mestre ensinava às multidões com parábolas, histórias do cotidiano de seus ouvintes, para, então, extrair princípios poderosos da Palavra de Deus.

"Jesus falou todas estas coisas à multidão por parábolas. Nada lhes dizia sem usar alguma parábola." Mateus 13:34

Qualquer semelhança com o que estamos fazendo neste livro NÃO é mera coincidência! Além da multidão, Jesus ensinava seus discípulos mais próximos, doze homens escolhidos por Ele. Este ensino estava baseado no exemplo, ou seja, seus discípulos viam Jesus orando, curando e expulsando demônios. Assim como Cristo fazia, eles deveriam fazer da mesma forma. Estes dois modelos de didática de ensino, digamos assim, estavam presentes no ministério de Jesus, e, por isso, devem ser a base de nosso processo de discipulado dinâmico.

Ensinar os mais novos na fé através de um tempo de ensino e prática cristã é muito importante para a igreja, pois é o discipulado que gera o crescimento espiritual e a maturidade para os participantes deste processo. Da mesma forma como o treinamento de Kanan só foi concluído quando ele começou a ensinar Ezra, nós não devemos reter aquilo que temos recebido de Jesus, mas compartilhar com aqueles que ainda não possuem este entendimento sobre o Reino de Deus!

Desafio: Nesta semana vamos falar sobre discipulado. Sua igreja local apresenta um projeto oficial de discipulado pessoal? Em caso negativo, converse com seus pastores e líderes para que eles lhe indiquem um novo convertido (a) que você possa ajudar neste processo. Não se esqueça de que você só conclui seu treinamento quando ensinar aquilo que aprendeu!

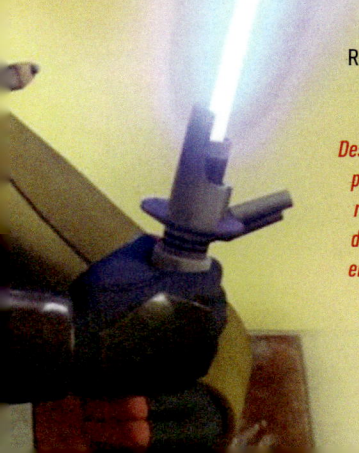

DIA 17

LUKE SKYWALKER
Parte 1

"O fim das coisas é melhor do que o seu início, e o paciente é melhor que o orgulhoso." Eclesiastes 7.8

Luke Skywalker é filho de Anakin e irmão da princesa Leia Organa, mas ainda não sabe disso. Ele foi levado recém-nascido para o planeta natal de seu pai, Tatooine, pois este seria o último planeta na galáxia onde ele seria procurado pelo agora Darth Vader. O jovem Luke cresce criado por seus tios sem saber a verdade sobre seu passado. Tudo muda quando ele compra os droides C-3PO e R2-D2 e recebe uma mensagem de resgate da princesa Leia, endereçada a Obi-Wan Kenobi. Quando Luke encontra o agora idoso mestre Jedi, descobre que seu pai havia sido um grande mestre Jedi que foi morto por Darth Vader. Ele recebe o convite para ajudar Obi-Wan, o qual recusa no início, mas acaba obrigado a aceitar quando seus tios são mortos pelas tropas imperiais que procuravam pelos droides que haviam escapado. A jornada de Luke Skywalker vai começar e nada mais será como antes em sua vida, pois descobrirá a verdade sobre seu pai, conhecerá sua irmã gêmea e terá um papel fundamental na derrocada do Império Galáctico e fundação da Nova República!

É muito interessante que este rápido resumo do enredo do Episódio 4, Uma Nova Esperança seria realmente revolucionário para a história do cinema mundial. Para entender sua importância, é necessário conhecer o livro chamado "O herói de mil faces", de Joseph Campbell, publicado originalmente em 1949. Nele, o autor compara diversas mitologias como a grega, a egípcia, babilônica, etc, para extrair delas um arquétipo, ou seja, um padrão, um modelo seguido por todas para mostrar as trajetórias dos grandes heróis mitológicos. Campbel chamou este modelo de "a jornada do herói" e estabeleceu uma fórmula contendo doze passos para contar esta narrativa. George Lucas, diretor de Star Wars, era amigo de Campbel e utilizou esta ideia para compor a trajetória de Luke Skywalker. Esta fórmula seria repetida centenas ou milhares de vezes, desde então, através dos mais diversos estilos de personagens e filmes.

Nesta jornada, o herói está deslocado, pois não está onde deveria nem conhece seu potencial ou seu passado. Ele encontra, então, um sábio que vai guiar o jovem em sua saga. Ele rejeita a aventura, até que descobre que não existe mais volta. Na aventura, enfrentará diversos desafios e um grande inimigo que precisa ser derrotado. Após sua vitória, ele descobre que não é a mesma pessoa que iniciou a jornada, pois ele foi transformado por ela.

No devocional de hoje, eu gostaria de tratar da nossa própria jornada. Como cristãos, temos basicamente a mesma estrutura de caminhada, pois descobrimos que estamos deslocados na terra e que não pertencemos mais a este mundo, mas temos uma cidadania celestial.

"Amados, insisto em que, como estrangeiros e peregrinos no mundo, vocês se abstenham dos desejos carnais que guerreiam contra a alma." 1 Pedro 2:11

Por certo tempo tentaremos negar esta aventura, mas seremos aconselhados por sábios que estarão na igreja para nos ajudar e guiar nesta jornada. Passaremos por diversos processos ao longo do tempo e enfrentaremos grandes e poderosos inimigos: a carne, o mundo e o diabo:

"Quem semeia para a sua carne, da carne colherá destruição; mas quem semeia para o Espírito, do Espírito colherá a vida eterna." Gálatas 6:8

Quando vivemos esta aventura chamada cristianismo com intensidade, paixão e amor, com absoluta certeza seremos transformados ao longo do processo. Cresceremos de glória em glória, dia após dia e este deve ser o nosso grande desafio: superarmos a nós mesmos diariamente!

A grande recompensa desta jornada está em nos espelharmos no único e verdadeiro herói, Jesus Cristo, para vivermos com Ele um cristianismo genuíno em nossa geração!

"E vimos e testemunhamos que o Pai enviou seu Filho para ser o Salvador do mundo." 1 João 4:14

Desafio: Quais são os processos pelos quais você tem passado? Você tem uma pessoa com a qual possa contar em sua jornada para ajudá-lo nestes processos?

DIA 18

PRINCESA LEIA ORGANA

"Este sinal miraculoso, em Caná da Galiléia, foi o primeiro que Jesus realizou. Revelou assim a sua glória, e os seus discípulos creram nele." João 2.11

Leia Amidala Skywalker, irmã gêmea de Luke, foi adotada pelo Senador Bail Organa, uma das lideranças do planeta Alderaan, para protegê-la do Império, logo após os eventos registrados no Episódio III, a Vingança dos Sith. Seu nome, a partir de então, passa a ser Leia Organa e fará parte da nobreza de seu planeta. Seus pais adotivos tentaram criá-la segundo as regras da etiqueta para as mulheres da nobreza, mas o perfil de Leia era mais voltado à política, à luta e à resistência do que à moda e aos modos de uma princesa. Desde cedo se envolveu com a Aliança Rebelde, estudando política e estratégias de batalha.

Ela será a responsável por receber os projetos da estação imperial de batalha, conhecida como Estrela da Morte. O seu pedido de socorro a Obi-Wan Kenobi vai desencadear a jornada de Luke e mudar a balança do conflito entre o Império e a Aliança para sempre!

Este é o ponto para o nosso devocional de hoje: identidade! Leia poderia ter abraçado a vida na corte de Alderaan, mas preferiu lutar contra o sistema imperial galáctico. Algo em sua natureza a impeliu a repetir os feitos de sua mãe, uma rainha e senadora muito importante em sua geração.

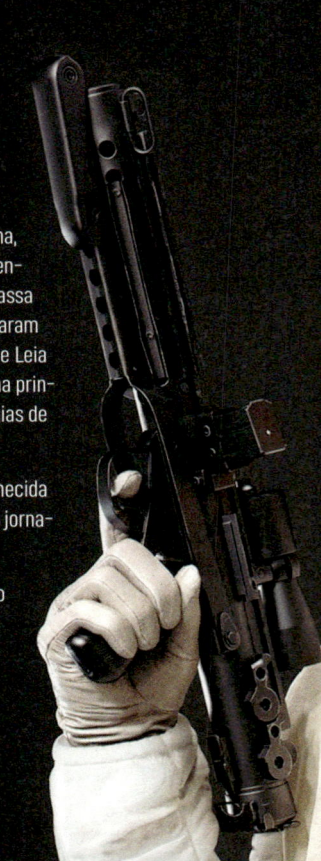

A história da jovem e esperançosa princesa Leia me levou a um episódio interessante da vida de Jesus, que pode nos ajudar em nosso Devocional de hoje. Havia um casamento em Caná da Galileia para o qual Jesus e sua família foram convidados. Era o início de seu ministério, sendo assim, ele estava ali apenas para celebrar o casamento com os noivos, até que algo aconteceu. O vinho acabou no meio da festa, por causa de um erro de cálculo dos organizadores. Quando questionado por sua mãe sobre o que ele iria fazer, ele disse:

"Que temos nós em comum, mulher? A minha hora ainda não chegou." João 2:4b

Mesmo estando em uma festa, aparentemente em um ambiente onde não estava pregando ou ensinando, algo em Sua natureza não permitiria que o Messias ficasse alheio a uma necessidade como esta. E foi nesta festa que o primeiro milagre do ministério de Jesus aconteceu:

"Este sinal miraculoso, em Caná da Galiléia, foi o primeiro que Jesus realizou. Revelou assim a sua glória, e os seus discípulos creram nele." João 2:11

O importante desta passagem da história de Cristo é que Ele não mudou sua essência por causa dos lugares por onde passou. Jesus sempre estava preparado para ouvir a voz de Deus e manifestar Sua glória onde quer que estivesse. Da mesma forma como a princesa Leia não se distraiu junto aos encantos e futilidades da corte de Alderaan, mantendo sua essência e identidade, lutando ao lado da Aliança Rebelde para derrubar o Império, eu e você precisamos manter nossa identidade em Deus para fazermos diferença em nossa geração.

Talvez você não precise lutar batalhas mortais pela galáxia, mas, com certeza, sua vida pode ser realmente inspiradora para aqueles que não conhecem a verdadeira liberdade dos que encontram a Cristo:

"Pois ele nos resgatou do domínio das trevas e nos transportou para o Reino do seu Filho amado." Colossenses 1:13

O resultado do esforço de Leia Organa foi o fim da Estrela da Morte, o maior símbolo do Império, que caiu junto com a morte de Darth Sidious e a redenção de Anakin Skywalker, seu pai. Com isso, Leia será a protagonista na instalação da Nova República e descobrirá que sua missão estava apenas começando! Assim como a sua neste exato momento!

Desafio: Quem é você na frente de todos? Quando você não está na igreja, as pessoas podem identificar você como um cristão ou uma cristã? Nos grupos de WhatsApp do colégio ou faculdade, qual é o seu comportamento? A essência de Cristo em você se manifesta em todos os lugares, ou apenas na igreja? Reflita a respeito e estabeleça uma série de parâmetros para que isso possa ser, cada vez mais, uma realidade em sua vida.

DIA 19

HAN SOLO

"Mas um samaritano, estando de viagem, chegou onde se encontrava o homem e, quando o viu, teve piedade dele. Aproximou-se, enfaixou-lhe as feridas, derramando nelas vinho e óleo. Depois colocou-o sobre o seu próprio animal, levou-o para uma hospedaria e cuidou dele." Lucas 10.33,34

Han Solo era um jovem tenente do Império quando foi convocado para coletar uma mercadoria para seus superiores. Quando chegam ao planeta de destino, descobre que a "carga" era um grupo de crianças wookiees que foram roubadas por escravistas. A missão falha, pois um grupo de guerreiros resgata as crianças, pagando com sua própria vida por este resgate. Han Solo encontra apenas um sobrevivente no cenário de batalha. Seus superiores exigem que ele mate o guerreiro, mas ele desobedece, sob o argumento de que não mataria um inimigo ferido. Este wookiee chama-se Chewbacca e Han Solo abandona uma carreira promissora no exército para cuidar de um moribundo ferido.

Quando ele melhora, podendo retornar para sua casa, Chewbacca segue o código de ética de sua espécie, e decide permanecer ao lado daquele que o salvou. Uma dupla improvável, formada em meio à dificuldade e decisões difíceis, que transformou estranhos em grandes amigos. Esta amizade ficaria conhecida em toda a galáxia no futuro, em especial pela ajuda que deram à Aliança Rebelde na queda do Império. Com o fim da guerra, Han vai se casar com a princesa Leia e terão um filho, Ben Solo, que vai se voltar para o lado sombrio da Força, influenciado pelo líder supremo Snoke. Na tentativa de resgatar seu filho e trazê-lo de volta, Han acabará morto por Kylo Ren, o novo nome de Ben.

Gostaria de fixar nossa atenção na decisão que o jovem tenente Solo tomou ao abandonar o Império para fazer aquilo que acreditava ser o correto. Vivemos em uma sociedade extremamente individualista, que prega que os fins justificam os meios na busca pela felicidade individual. Deus se preocupa com o nosso bem-estar e com nosso sustento, com certeza. Porém, precisamos estar atentos para não nos influenciarmos pelo vírus do egocentrismo, hedonismo e individualismo. A parábola do bom samaritano é uma resposta de Jesus a uma pergunta feita por um doutor da lei, um profissional do estudo da Torah. Sempre que algum judeu tivesse alguma dúvida a respeito de determinado assunto ou comportamento, procuravam os doutores da lei para que pudessem responder o que as Escrituras falavam sobre o assunto. A pergunta deste religioso foi: "Quem é o meu próximo?". A resposta de Jesus foi esta, que é uma das mais belas parábolas de todos os tempos. Por que Jesus a contou e o que queria que seu interlocutor aprendesse com esta analogia? Para o autor do livro "Todas as Parábolas da Bíblia", Herbert Lockyer, o objetivo de Jesus era explicar ao doutor da Lei que o fato de rejeitar um gentio, apenas por ele ser um gentio, era um grande erro sem sentido.

Precisamos tomar cuidado para não cometer o mesmo erro dos religiosos da parábola. Ao invés de amarmos ao próximo como a nós mesmos, podemos fazer uma acepção de pessoas e nos relacionarmos apenas com aqueles que pensam da mesma maneira. Queremos ganhar o mundo para Jesus, mas muitas vezes não temos tempo para conversar com os nossos vizinhos. Ore por aqueles que pensam diferente, e esteja entre as pessoas que precisam de Jesus, sem, com isso, perder a sua identidade em Cristo. Devemos ser influenciadores em nossa geração, não influenciados pela cultura secular.

Você precisa entender que é um agente de Deus para espalhar o Seu caráter santo em nossa geração! Como fazer isso? Amando a Deus e ao seu próximo, seja ele quem for!

Desafio: Antes de acabar com a fome em países que vivem em crises profundas, você precisa treinar com as pessoas de sua rua ou bairro. Procure alguém que esteja precisando de ajuda, dedique um tempo para ouvir suas necessidades e converse, em sua casa ou igreja, sobre como podem ajudar a suprir as necessidades físicas e espirituais desta pessoa!

DIA 20

CHEWBACCA

"Simão Pedro lhe respondeu: 'Senhor, para quem iremos? Tu tens as palavras de vida eterna'". João 6.68

Chewbacca nasceu no planeta Kashyyyk (você pode ler imitando um espirro!) e pertence à raça dos wookiees. Ele carrega o nome de um guerreiro lendário chamado Bacca, que forjou uma espada a partir dos destroços de uma nave que caiu em seu planeta. Esta foi a ocasião em que seu povo descobriu que não estava sozinho no universo. A espada de Bacca foi passada de geração em geração a outros líderes de seu povo. Séculos mais tarde Chewbacca seria uma homenagem viva a este grande guerreiro. Durante as guerras clônicas, seu povo lutou ao lado dos republicanos contra os separatistas. Em uma de suas missões, os guerreiros de seu povo deveriam resgatar crianças wookiees que seriam vendidas como escravos para os imperiais. Esta batalha foi muito difícil e apenas Chewbacca sobrevive. Será salvo por um jovem tenente do Império, chamado Han Solo, que vai trair seus superiores para fugir com o wookiee ferido para longe dos inimigos.

Segundo o código de conduta de seu povo, caso alguém fosse salvo da morte, a partir daquele momento, deveria seguir seu salvador, pois possuía uma dívida de gratidão eterna. Assim, ele torna-se o copiloto da Millennium Falcon e participará de inúmeras aventuras, ajudando a Aliança Rebelde a derrotar as forças do Império Galáctico.

A incrível história de nosso personagem de hoje pode nos levar a diversos devocionais. Em nosso primeiro livro, Devocional Pop, falamos a respeito do idioma falado por Chewie e sobre como Han Solo o compreendia. Nesta ocasião, apontamos para a necessidade de passar tempo na presença de nosso Deus para que possamos entender seus sinais para nossas vidas. Intimidade gera comunicação em duas vias, precisamos, então, mergulhar em Deus para que possamos compreender Sua linguagem e Sua ação em nossa geração.

Hoje eu gostaria de abordar a dívida de gratidão que Chewbacca tinha com Han Solo. Ele foi salvo da morte e, desde então, deixou sua vida para trás e passou a viver em função do propósito de vida de seu salvador. Acho este relato incrível pois, se retirarmos os nomes dos personagens fictícios, estaremos falando sobre uma magnífica definição de cristianismo!

Segundo a Bíblia, estávamos destinados à morte por causa do pecado. Por esta razão, Deus enviou o Salvador que pagaria o preço pela nossa morte e, através de Sua obra, hoje temos liberdade e vida eterna, conforme Paulo nos ensina em sua carta aos Romanos:

"Pois o salário do pecado é a morte, mas o dom gratuito de Deus é a vida eterna em Cristo Jesus, nosso Senhor." Romanos 6:23

Qual deveria ser a nossa reação depois de uma revelação incrível como esta? Ter a mesma atitude de nosso personagem de hoje: deixar nossa velha vida para trás, a fim de viver os propósitos de nosso Salvador em nossa geração.

Uma vida cristã radical não diz respeito a quanto barulho você faz, mas a quanto consegue abrir mão de sua velha natureza, como um agradecimento ao Salvador que pagou um resgate impossível pela sua vida!

"Pois ele nos resgatou do domínio das trevas e nos transportou para o Reino do seu Filho amado." Colossenses 1:13

Todos podemos escolher viver um cristianismo como meros expectadores do que Deus está fazendo em nossa geração, mas, em Cristo, temos a oportunidade de sermos copilotos desta jornada e ver com os nossos olhos maravilhas em nossos dias. Você não precisa abandonar seu emprego ou estudos para viver esta aventura, ela está disponível todos os dias quando você inicia mais um ciclo de 24 horas, cheio de expectativas Nele!

Desafio: Faça uma tabela cronológica contendo todos os anos entre sua conversão e o ano em que você está lendo este livro. Relembre todas as grandes experiências que você viveu com Cristo ao longo do tempo e anote nesta tabela. Se você não conseguiu anotar muita coisa, talvez hoje seja o momento de firmar um propósito de mergulhar em um relacionamento mais profundo com Deus.

DIA 21

MACE WINDU

"Então saiu, capturou trezentas raposas e as amarrou aos pares pela cauda. Depois prendeu uma tocha em cada par de caudas, acendeu as tochas e soltou as raposas no meio das plantações dos filisteus. Assim ele queimou os feixes, o cereal que iam colher, e também as vinhas e os olivais." Juízes 15.4,5.

Mace Windu é o segundo Mestre mais antigo no Alto Conselho Jedi da República, ficando atrás apenas de Mestre Yoda. Sábio e muito consciente das responsabilidades que um Jedi possui, ele e os demais membros do Conselho precisaram dar respostas imediatas para uma série de eventos praticamente simultâneos. O primeiro elemento foi a crescente tensão política e econômica resultante dos sucessivos bloqueios que o Movimento Separatista, liderado pelo Conde Dookan, estava causando nos territórios da República, fazendo com que o Conselho enviasse diversos Jedi para entenderem melhor a situação. Outro problema foi o anúncio do retorno dos Lordes Sith, que, segundo alguns Jedi, estariam extintos há mais de mil anos.

Mais tarde, ele decide pelo treinamento tardio de Anakin Skywalker pelo mestre Obi-Wan e, durante a famosa batalha de Geonosis, na qual Kenobi, Anakin e Padmé estavam prestes a serem executados, Mestre Windu surge com cerca de 200 Cavaleiros Jedi para resgatá-los. O número de droides na batalha é muito grande e eles só escapam porque Mestre Yoda chega até a arena com o novo exército de clones e resgata os sobreviventes. Com o exército clônico, os Jedi são transformados em Generais e vão liderá-los nos diversos focos desta guerra implacável. Com isso, a Ordem Jedi enfraqueceu e não percebeu o verdadeiro problema que estava diante de seus olhos: o próprio Chanceler Palpatine era o Sith que eles estavam procurando. Windu teve muitas distrações diante dele e elas o impediram de enxergar o que, de fato, estava acontecendo, até que fosse tarde demais para impedir a instalação do Império.

A Bíblia relata o plano do juiz Sansão para acabar com as plantações e, com isso, a fonte da alimentação do exército filisteu. Ele capturou 300 pequenas raposas e as amarrou de duas em duas pela cauda, atando tochas em chamas nestas caudas e as soltou nas plantações dos filisteus. Enquanto os inimigos de Israel esperavam por um exército de soldados para a batalha, Sansão venceu com pequenos animais que levaram o verdadeiro problema para os filisteus. Ouvi certa vez que ninguém tropeça em uma montanha, mas em pequenas pedras pelo nosso caminho diário.

Nosso inimigo é especialista em oferecer distrações que tiram o nosso foco dos verdadeiros inimigos a serem enfrentados. Devemos buscar por sabedoria diariamente para entender e desarmar as armadilhas de Satanás. Preci samos manter a nossa atenção em duas direções específicas: por um lado, devemos cuidar para que as distrações externas não atrapalhem os projetos de Deus para nossa geração e, por outro, precisamos permanecer vigilantes para não sermos raposinhas na vida de outras pessoas.

Mace Windu não percebeu o plano maior de Palpatine, pois estava ocupado demais com pequenos desafios e problemas menores. A internet colocou a distração na palma de nossas mãos e, se não tomarmos cuidado, estaremos sempre atrasados e procrastinando as tarefas que são realmente importantes para nossas vidas hoje. Jesus nos alertou a respeito desta guerra sutil que enfrentamos todos os dias:

"Eis que eu os envio como ovelhas para o meio de lobos. Portanto, sejam prudentes como as serpentes e simples como as pombas." Mateus 10:16

Desafio: O que tira o seu foco ao longo do dia? Adote uma agenda diária com todas as tarefas que você precisa desenvolver no trabalho, na igreja, em casa. A organização e o foco em sua vida pessoal vão ajudar tremendamente a entender quais são os desafios maiores que você deve ou não deve enfrentar! Organize-se!

DIA 22

SHEEV PALPATINE

"Vocês pertencem ao pai de vocês, o diabo, e querem realizar o desejo dele. Ele foi homicida desde o princípio e não se apegou à verdade, pois não há verdade nele. Quando mente, fala a sua própria língua, pois é mentiroso e pai da mentira."
João 8.44

Sheev Palpatine é o nome de nascença do mestre Sith Darth Sidious, que é o principal vilão de Star Wars. Ele era um simples senador da República pelo planeta Naboo, que não era um dos mais importantes ou proeminentes da Galáxia e, a partir desta posição, começa a traçar um plano magistral para alcançar o poder supremo diante da República. Para chamar a atenção do Senado, ele orquestra uma invasão ao seu planeta e usa a crise política que se instaura para se eleger Supremo Chanceler. Palpatine deu um passo de cada vez, em um plano pautado pela paciência, enquanto roubava, matava e destruía para alcançar seu objetivo de devolver o poder aos Sith que há muito tempo haviam sido derrotados pelos Jedi.

Ele tinha duas faces muito claras: diante do Senado era Palpatine, nos bastidores era Darth Sidious e teve três aprendizes, segundo a regra de Dois dos Sith, que prevê um mestre e um aprendiz. Ele foi o tutor de Darth Maul, Darth Tyranus e, por fim, Darth Vader. O plano será bem-sucedido, a Ordem Jedi será destruída e Sidious será nomeado Imperador da Galáxia. Será derrotado por Luke Skywalker com a ajuda de um redimido Vader. Alguém tão sagaz e inteligente com uma sede de poder tão grande não deixaria alguém para governar em seu lugar sem a sua presença. Por esta razão, Sidious organizou um plano chamado de Contingência, no caso de sua morte, ainda pouco explorado nas HQ's de Star Wars. Tudo indica que ouviremos mais a respeito deste plano no Episódio IX.

Aproveitando a trajetória de Palpatine, gostaria de falar a respeito do principal inimigo do cristianismo. Satanás usa as mesmas estratégias de Palpatine em seu plano de destruição da humanidade. Ele usa artimanhas, sedução, engano, mentiras para alcançar seus objetivos. Assim como nosso personagem, ele usa disfarces quando está diante de seus alvos para ser aceito por eles. O seu campo de influência é imenso e ele conta com um exército invisível composto por demônios, principados e potestades ao seu comando.

Além desta força espiritual, Satanás conta com os próprios seres humanos que são agentes temporários para seus propósitos demoníacos. Tiago alerta:

Isso significa que cristãos também podem ser instrumentos do inimigo nesta guerra! Por esta razão, cuide de suas palavras, não fale ou escreva coisas que possam machucar as pessoas ao seu redor, pessoas próximas a você. Nossa posição com relação ao nosso inimigo deve ser dupla: por um lado, não devemos menosprezar este adversário, por outro não devemos temê-lo, pois Deus é infinitamente mais poderoso, e Satanás é apenas uma criatura.

Nossa postura deve ser de confiança em Cristo, que já venceu esta guerra através de sua ressurreição e que, em breve, colocará um ponto final nesta história. Finalizo com o texto de hoje com um trecho da canção People Get Ready de Misty Edwards: "Ele (Jesus) não é mais um bebê na manjedoura, nem um homem pregado na cruz, Ele morreu! Ressuscitou! Não ficará no céu para sempre!"

DIA 23

DARTH VADER

"Enquanto escondi os meus pecados, o meu corpo definhava de tanto gemer." Salmos 32:3

Anakin Skywalker foi o personagem que cometeu sucessivas falhas em sua conduta como Jedi, falhas essas que culminaram na morte de sua esposa Padmé, grávida de seus filhos, que ele acredita terem morrido junto com ela. O último elemento para sua queda para o lado sombrio da Força será a batalha com seu antigo mestre Obi-Wan Kenobi no planeta Mustafar. Cada vez mais cego pela raiva e pelo ódio, estará em um território desfavorável, impossível de vencer. Em sua arrogância, ignora as advertências de Obi-Wan e, por isso, será duramente derrotado, perdendo um braço e as duas pernas, caindo próximo a um rio de lava que queimou a totalidade de seu corpo. Ele será resgatado pelo imperador Palpatine, que utilizará toda a tecnologia e a alquimia dos Sith para mantê-lo vivo e aumentar seu poder.

A partir deste momento, sua vida depende de sua armadura, que fornece os membros mecânicos que ele perdeu, além de um sistema respiratório artificial em substituição aos pulmões danificados pelas altas temperaturas da fumaça inalada por ele em Mustafar. Neste sentido, sua armadura tinha a função dupla de, por um lado, intimidar os inimigos do Império, e por outro, manter seu agora frágil corpo vivo. Usar a armadura era um verdadeiro suplício, por causa do peso dos membros mecânicos e da rotina claustrofóbica do uso contínuo da armadura. Ele poderia ingerir alimentos, desde que entrassem em cápsulas especialmente preparadas para que ele pudesse respirar sem o uso da máscara. O trabalho era tamanho, que, na maioria das vezes, os nutrientes eram injetados diretamente em seu corpo. Além disso, sua pele queimada precisava ser periodicamente raspada para eliminar o tecido morto. Por fim, sua dificuldade extrema de respirar não permitia que descansasse por longos períodos. Este é um pequeno resumo de como o Universo Legends trata a armadura de Vader. Se você não sabe o que é isso, não se preocupe! No final deste livro você encontra um manual de sobrevivência, para conhecer as principais informações sobre o universo de Star Wars.

Gostaria de usar toda esta trágica descrição do sofrimento do personagem de hoje para fechar nossa trilogia de devocionais sobre Anakin Skywalker. Esta interessante dicotomia entre o terror que sua imagem gerava externamente e sua debilidade interior é um excelente ponto para discutirmos o resultado do pecado em nossas vidas. Existem pecados "pessoais", digamos assim, algumas coisas que podemos fazer que não afetam ou atingem mais ninguém além de nós mesmos. Um excelente exemplo a este respeito é a pornografia. É um pecado oculto que acontece na solidão e isso traz peso e arrependimento momentâneos, mas, como não gera consequências imediatas, a tendência é que a prática se transforme em vício, se não for interrompida. Para as pessoas ao redor, tudo permanece normal, mas, internamente, a alma vai sendo destruída aos poucos, sem que ninguém perceba o suplício de manter uma máscara diante da família, dos amigos e da igreja.

A solução para os pecados ocultos é a mesma que trouxe a redenção para Darth Vader: enfrentar a fonte de seu pecado e retirar as máscaras que nos prendem a uma vida medíocre.

"Portanto, confessem os seus pecados uns aos outros e orem uns pelos outros para serem curados. A oração de um justo é poderosa e eficaz."
Tiago 5:16

Para receber o perdão de nossos pecados precisamos de arrependimento genuíno, que não deve ser confundido com tristeza. Ele é, na verdade, uma mudança de mentalidade, de direção nas atitudes que estavam sendo tomadas anteriormente. Tire as máscaras e não esconda seus pecados de Deus!

Desafio: Quais são os pecados ocultos que você tem enfrentado? Você tem líderes com os quais possa se abrir e confessar? Eles poderão orar por você para que receba a cura? Caso não tenha, procure a liderança de sua igreja local para dar este passo de ousadia que destrói a autoridade do pecado! Lance a luz de Cristo em suas trevas e seja livre da opressão das máscaras!

DIA 24
STORM-TROOPERS

"E ele designou alguns para apóstolos, outros para profetas, outros para evangelistas, e outros para pastores e mestres." Efésios 4.11

Com o fim dos Clones no exército imperial pelos motivos já tratados, jovens de toda a galáxia são recrutados em academias imperiais, para passarem por testes dificílimos, nos quais muitos são reprovados. Apenas os melhores soldados obtêm a honra de vestir a armadura de combate que tem uma grande característica: seus rostos nunca serão vistos! Todos eles usam uma armadura e um capacete que iguala todos os soldados. Segundo o imperador Palpatine, o soldado em serviço é a representação do Império. Como um grande polvo que avança com seus tentáculos ao longo de toda a Galáxia, planetas com as mais diversas características geográficas e climáticas recebem uma "visita" dos stormtroopers e das forças imperiais. É interessante que, embora todos eles sejam iguais, os diferentes planetas para os quais são designados para servir acabam, de alguma forma, modificando a natureza de sua função e seus nomes:

- Snowtroopers: preparados para planetas gelados;
- Sandtroopers: equipados para atuação em planetas desérticos;
- Seatroopers: especialistas em operações marítimas;
- Death troopers: soldados das tropas de elite do império;
- Rocket troopers: troopers equipados com foguetes para operações aéreas;

Existem mais de 35 especialidades diferentes para os Stormtroopers no exército imperial, para ilustrar sua versatilidade e capacidade de adaptação aos mais diferentes terrenos e ambientes.

Gostaria de utilizar esta diversidade (diferentes armaduras para atender diferentes territórios) na unidade (mesmo vestindo roupas distintas, ainda eram todos stormtroopers), para abordar uma questão bastante pertinente em nossos dias: os cinco ministérios descritos por Paulo em sua carta aos Efésios. A igreja é a mesma, mas precisa de diferentes ministérios fluindo e crescendo em territórios distintos para que exista saúde espiritual no Corpo de Cristo. O primeiro elemento necessário para a compreensão dos cinco ministérios na igreja é o entendimento do seu propósito e importância. De acordo com o apóstolo Paulo, a função dos ministérios é o amadurecimento, edificação e preparação da igreja para que ela alcance a estatura de Cristo.

Jesus Cristo exerceu os cinco ministérios durante sua jornada terrena. Desta forma, Ele foi apóstolo, profeta, pastor, mestre e evangelista. Ele deixou estes dons para que a igreja possa amadurecer e crescer enquanto aguarda Sua volta. Neste sentido, é importante salientar que os cinco ministérios não são cinco "pessoas" que mandam na igreja como uma sociedade, mas sim, cinco áreas de atuação necessárias para o crescimento da igreja. Assim, é plenamente possível que existam diversos profetas, mestres, pastores e evangelistas em uma mesma igreja local.

Outro ponto que levanta dúvidas a este respeito tem relação com a atuação prática dos dons ministeriais. Para que tudo seja feito segundo a Palavra de Deus, ou seja:

"Mas tudo deve ser feito com decência e ordem." 1 Coríntios 14:40

É importante entender que os cinco ministérios são partes de um todo. Isto significa que todos eles são fundamentais para a vida da igreja de Cristo na terra. Eles são interdependentes, o que significa que não existe ministério superior ou inferior aos demais. A igreja precisa de todos eles operando em sincronia, para que os membros sejam edificados em sua jornada.

Mais importante do que ser chamado de apóstolo, profeta, pastor, mestre ou evangelista, é exercer o seu chamado na plenitude, servindo a Deus com alegria! Você estará conectado a gerações de cristãos que fizeram a diferença em seu tempo!

Desafio: Como o assunto de hoje é ministério, encorajamos você a buscar alguns testes (existem vários disponíveis na Internet, de diferentes denominações). É importante salientar que estes testes devem apenas orientar sua visão, pois o seu ministério é gerado ao longo de sua jornada com Cristo!

DIA 25

GALEN ERSO

"Quando Mardoqueu recebeu a resposta de Ester, mandou dizer-lhe: "Não pense que pelo fato de estar no palácio do rei, de todos os judeus só você escapará, pois, se você ficar calada nesta hora, socorro e livramento surgirão de outra parte para os judeus, mas você e a família de seu pai morrerão. Quem sabe se não foi para um momento como este que você chegou à posição de rainha?"
Ester 4.12-14.

Galen Erso foi um cientista brilhante que possuía um conhecimento ímpar da galáxia, que viveu durante os últimos anos da República e assistiu a ascensão do Império Galáctico. Quando isso aconteceu, fugiu com sua esposa e filha para o remoto planeta Lah'mu, mas um velho amigo, chamado Orson Krennic, que agora trabalhava para o império, conseguiu rastrear sua localização. Galen se entregou para que sua filha, Jyn, pudesse sobreviver e foi, então, coagido a trabalhar na super estação espacial chamada Estrela da Morte. Entre outras coisas, Erso deveria trabalhar na criação de um super laser capaz de destruir planetas inteiros. A matéria prima para esta arma de poder indescritível eram os chamados cristais Kyber, os mesmos utilizados nos sabres de luz dos Jedi. O cientista passou o resto de sua vida trabalhando neste projeto como um prisioneiro imperial. Enquanto executava sua missão, secretamente, criou uma falha na estrutura da estação espacial, um ponto fraco que permitiria que a Estrela da Morte fosse destruída com um único tiro no local exato deixado por ele. Galen Erso prepara os projetos da estação espacial contendo indicações para a Aliança Rebelde de como ela poderia ser destruída. Graças a ele, que trabalhou em segredo no território inimigo, a arma que mostraria o poder ilimitado do império, levando terror por toda a galáxia, foi destruída e mostrou aos planetas uma fagulha de esperança, fortalecendo a resistência da Aliança Rebelde, liderada pela princesa Leia Organa.

A trajetória do personagem de hoje é muito parecida com a história da rainha Ester. O livro que leva seu nome narra o que aconteceu com os judeus que permaneceram na Pérsia, após o fim do cativeiro babilônico em 538 a.C., quando Ester, uma judia que caiu nas graças do rei Xerxes, tornou-se uma de suas rainhas. Diante de um tratado dos inimigos dos judeus, que previa o seu extermínio, Mardoqueu procura pela rainha para que ela interceda em favor de seus pares na corte do rei. Desolada diante do risco de extinção de seu povo, ela pede que todos jejuem em seu favor e programa entrar na presença do rei, para tentar fazer algo que pudesse ajudar de alguma forma os judeus remanescentes. Ester, mesmo estando em uma corte estrangeira, foi um instrumento de Deus para a salvação de seus pares. Mardoqueu, primo de Ester que a criou como uma filha, sabia que não existem coincidências para Deus:

"Quem sabe se não foi para um momento como este que você chegou à posição de rainha?" Ester 4:12-14.

A lição que gostaria de extrair para o Devocional de hoje é que precisamos aprender com a história da rainha Ester e de tantos outros homens e mulheres da Bíblia que foram fundamentais em momentos de grande crise e ameaça para o povo de Deus na terra, pois Ele ainda coloca Seus filhos em locais estratégicos, para que Seu nome continue sendo exaltado de geração em geração. Com toda a certeza, você tem um papel fundamental naquilo que Deus está fazendo nesta geração! Talvez você não precise construir uma super arma com um grande defeito de fabricação ou então ser uma rainha estrangeira que terá como missão salvar todo um povo, mas sem sombra de dúvidas, você exerce influência em locais onde apenas você pode ser um instrumento que mostre Deus a outras pessoas e, com isso, ser o responsável em levar esperança para corações desesperados! Você está preparado (a)?

Desafio: Após um período de oração, use a frase que Mardoqueu disse a Ester completando com os lugares onde você tem atuado, no trabalho, nos estudos, no ministério. Que o Espírito Santo revele os planos de Deus para sua vida nesta geração!

"Quem sabe se não foi para um momento como este que você chegou à posição de _____?"

DIA 26

JYN ERSO

"Pois quem quiser salvar a sua vida a perderá, mas quem perder a vida por minha causa, este a salvará." Lucas 9.24

Jyn Erso nasceu durante as guerras clônicas, em uma prisão separatista no planeta gelado Valt. Seus pais eram Galen e Lyra Erso, que foram presos por negarem auxílio na construção de armas às forças separatistas contra a República. Depois de seis meses de prisão, foram resgatados por Orson Krennic, velho amigo de Galen. O Pai de Jyn tinha um grande conhecimento sobre o uso dos cristais kyber, os mesmos usados nos sabres de luz Jedi e, por isso, passou a ser perseguido pelas forças imperiais. Quando a família Erso descobriu que seus estudos para criação de energia sustentável seriam utilizados para a construção de uma superarma de destruição em massa, fugiram para o distante planeta Lah'mu, onde puderam desfrutar de descanso e paz, por um tempo ao menos. Anos mais tarde, o então amigo Orson Krennic encontrou a localização da família, matou a mãe e capturou o pai. Jyn, agora sozinha, foi acolhida pelo herói de guerra, Saw Gerrera, e fez parte de sua célula da resistência ao império, até ser abandonada por ele aos dezesseis anos, passando a viver nas ruas aprendendo a sobreviver.

Mais tarde, Jyn será recrutada pela Aliança para conseguir os planos da estação de combate Estrela da Morte. Ela aceita uma missão extremamente difícil, com uma perspectiva de sucesso bastante reduzida. Desta forma, forma-se o esquadrão Rogue One, que, contra todas as expectativas, conseguirá os planos secretos, mas todos morrerão nesta operação, que vai proporcionar a chance de vitória que a aliança rebelde vai precisar para destruir a Estrela da Morte!

O mais impressionante no filme Rogue One, uma aventura Star Wars, tem relação aos heróis anônimos que trouxeram a esperança para a Aliança, uma vantagem em uma luta extremamente desigual, na qual eles não teriam a menor chance diante dos recursos, soldados e frota espacial. É como uma luta de Davi contra Golias.

No Devocional de hoje, gostaria de utilizar o sacrifício do esquadrão Rogue One, na figura de Jyn Erso, para nossa reflexão. A história da igreja é uma história de sacrifícios. Geração após geração tem preservado o texto sagrado e o testemunho das obras de Jesus na terra. Muito sangue tem sido derramado por homens e mulheres que abrem mão de tudo em prol do evangelho de Cristo. Minha visão a este respeito, como professor de História da Igreja, não é romântica ou utópica, pois tenho plena convicção de que muitos excessos foram cometidos ao longo dos anos, mas isso não anula o fato de que, se o cristianismo chegou até o século XXI, devemos isso aos líderes que vieram antes de nós.

Não existe na Bíblia a expressão: "Netos de Deus" e a ausência desta palavra tem um significado muito importante para nossa jornada, pois cada geração é responsável por comunicar o Evangelho para a próxima e isto deve acontecer até que Jesus retorne à terra como o grande Rei, não mais como o Servo sofredor ou o cordeiro de Deus. É bem provável que não tenhamos que escolher entre o sacrifício real e literal de nossas vidas pelo Evangelho, mas, com toda a certeza, devemos fazer sacrifícios voluntários diários para, entre outras razões, honrarmos o legado destes que se sacrificaram para que pudéssemos estar aqui. Um bom exemplo com relação a isso são as nossas igrejas locais. É bem provável que a igreja estruturada que você frequenta hoje tenha tido um início humilde e bastante diferente do que é no presente. Isso vai variar muito pelos anos de existência do templo. Procure conhecer a história de sua igreja local e da sua denominação, estude sobre os fundadores, procure informações. Eles são heróis anônimos, como o esquadrão Rogue One.

Desafio: Precisamos conhecer mais a respeito de nossa história. Por isso o desafio de hoje é pesquisar sobre sua igreja. Converse com seu pastor para saber mais informações e por onde você deve começar. Resgate os nomes dos pastores e líderes que inauguraram sua igreja e, se possível, façam uma placa para que seus nomes sejam lembrados pela sua e pelas próximas gerações!

DIA 27

CHIRRUT IMWE

"Disse-lhe Tomé: 'Senhor meu e Deus meu!' Então Jesus lhe disse: 'Por que me viu, você creu? Felizes os que não viram e creram'". João 20.28,29

Chirrut Imwe nasceu na lua do planeta Jedha, o núcleo espiritual da antiga (e agora extinta!) Ordem Jedi, que tinha no Templo de Whills seu centro. Um lugar antes cheio de vida e propósito, que agora é apenas a ruína e a lembrança de uma era que já não existe mais. O antigo templo em ruínas agora é um local de peregrinação para aqueles que querem, de alguma forma, conhecer um pouco mais a respeito da Força, já que seus guardiões, os Jedi, não existem mais. Os poucos que sobreviveram ao expurgo comandado pelo imperador Palpatine vivem na clandestinidade, escondidos pela Galáxia sem chamar a atenção do Império Galáctico.

Chirrut é um humano cego que é sensível à Força. Poderíamos chamá-lo de um homem de fé, que acredita piamente nos desígnios e no controle da Força, no tocante a todos os seres do universo. Não podemos nos assegurar disso, mas é possível dizer que ele e seu fiel e inseparável amigo, Baze Malbus, eram os guardiões do antigo Templo Jedi na lua de Jedha. Quando os conhecemos, durante o filme Rogue One, uma aventura Star Wars, existia uma grande movimentação imperial onde eles estavam. Havia uma mineração intensa nesta lua para extração dos cristais kyber, que seriam usados na arma suprema imperial, a estação de combate conhecida como Estrela da Morte. Estes cristais eram utilizados para formar o sabre de luz dos Jedi.

Mesmo não vivendo durante o auge da Ordem Jedi, mesmo não sendo um Jedi, Chirrut acredita na Força e, a todo momento, diz frases que atestam esta verdade em seu coração, como por exemplo:

"Eu estou com a Força e a Força está comigo".

"Não temo nada. Tudo é como a Força quer que seja".

Ele se sacrifica, para que a missão de roubar os projetos da Estrela da Morte possa ter êxito. Gostaria de usar a habilidade de Chirrut com a Força como base para nosso devocional de hoje.

Jesus esteve na terra durante um período histórico determinado, viveu e exerceu seu ministério em uma região geográfica específica do mundo. Isso quer dizer que um número bastante restrito de pessoas pôde ver Jesus, falar com Ele, caminhar com Ele durante o tempo em que esteve na terra. Aqueles que tiveram este privilégio passaram a contar esta história para os que vieram depois ou para aqueles que viviam em regiões distantes, nas quais Cristo não esteve. Para estes que não viram o Messias, restava acreditar no que as testemunhas oculares estavam dizendo que Ele fez. Uma porção especial de fé precisava ser acrescentada na vida daqueles que vieram a crer desde então.

Da mesma forma como Chirrut Imwe acreditava na Força em um período em que os Jedi quase não existiam, os cristãos precisavam acreditar no Evangelho, mesmo sem a presença física de Jesus. Esta é uma das razões pelas quais a fé é um conceito tão importante no Novo Testamento, pois, sem ela, é realmente impossível crer que Jesus morreu e ressuscitou e que este sacrifício trouxe a possibilidade da salvação da humanidade para aqueles que reconhecerem que Jesus Cristo é o Senhor.

A fé é fundamental para os seguidores de Cristo, pois, sem ela, não é possível desenvolver um cristianismo genuíno. Nem todas as perguntas terão respostas, assim como em nossa vida nem tudo fará sentido. Nestes momentos, precisamos andar pela fé e não pelo que vemos. Neste sentido, um personagem cego que caminhava pela sua fé na Força, é, de fato, uma excelente figura para a definição de Paulo a respeito da fé:

"Porque vivemos por fé, e não pelo que vemos." 2 Coríntios 5:7

Desafio: Faça uma pesquisa sobre versículos bíblicos que falem sobre fé. Escolha sete deles e procure memorizar um por dia, durante a próxima semana. Recite, decore, fale, faça com que eles sejam parte de sua vida durante os próximos dias. Poste estes versículos em suas redes sociais com a #40DiascomStarWars para que possamos acompanhar e compartilhar sua jornada!

DIA 28

BAZE MALBUS

"Pois nem os seus irmãos creiam nele."
João 7.5

Baze Malbus era um assassino de aluguel durante os primeiros dias do Império Galáctico, que encontra um novo propósito para sua vida quando conhece o devoto da Força, Chirrut Iwme. Juntos, eles passam a proteger as ruínas do antigo Templo Jedi na lua de Jedha. Antes do Império, esta lua era um local de peregrinação para todos aqueles que acreditavam no poder da Força. Milhares de pessoas visitavam este pequeno mundo, em busca de orientação e direção espiritual para suas vidas.

Com a ascensão do Império, Jedha foi invadida pelas tropas imperiais por duas razões: destruir os símbolos religiosos relacionados ao conhecimento da Força e extrair cristais kyber, o item mais precioso para os Jedi, pois estes cristais são a matéria prima para os sabres de luz que eles usam em batalha.

Baze nunca acreditou na Força como seu amigo Chirrut e as visões antagônicas com relação à sociedade o transformaram em um cético e em alguém bastante pessimista com relação ao futuro. Afinal, viu a lua de Jedha ser ocupada pelas forças imperiais, sem perspectivas de melhora. Os dois amigos farão parte da equipe Rogue One e ambos precisarão se sacrificar para que a missão tenha continuidade. Quando Baze vê seu amigo ferido, consegue chegar até Chirrut, que diz que eles se reencontrariam, se ele encontrasse a Força. Mesmo não tendo a mesma fé que seu amigo, passa a repetir as frases que Chirrut dizia durante sua vida. Em seu último ato, enfrenta sozinho um grupo inteiro de Death Troopers. Milagrosamente, Baze derrota todo o esquadrão de elite, morrendo no processo. Nosso personagem de hoje se transforma de um cético descrente em alguém que confia na Força. O sacrifício de seu amigo reativou a fé em seu coração.

Gostaria de aproveitar a história de hoje para falar sobre a falta de fé em nossos dias. Muitos jovens têm me procurado nos eventos dos quais tenho participado nesta estação de minha vida, perguntando como falar a respeito de Cristo para seus amigos que não acreditam na mesma base de fé que eles. Existem muitos "Chirruts Iwme" tentando compartilhar sua fé com "Bazes Malbus" em nossa geração. E isso é maravilhoso! Acredito que a relação dos dois amigos de Rogue One pode nos ajudar nesta questão! Então, como comunicar minha fé para aqueles que não acreditam?

É importante destacar que nossos personagens, mesmo apresentando posições diferentes sobre o mundo e, de maneira especial sobre a Força, continuaram amigos. É muito comum o cristão se isolar após sua conversão e passar a conviver apenas com outros que declaram a mesma cosmovisão. Tome cuidado com isso! Você continuará convivendo com colegas de trabalho, colégio e faculdade, por isso é importante não se isolar e continuar sendo alguém agradável nestes ambientes. No início, podem fazer algumas brincadeiras de mau gosto, mas persevere e, no tempo certo, você será respeitado, caso exista coerência entre seu discurso e suas atitudes. Não adianta nada dizer que é cristão e participar de brincadeiras que não edificam, fazer o que os outros fazem e dizer o que todos dizem. É preciso ter um comportamento alinhado com a Palavra, para que o tempo gere autoridade sobre sua vida.

"Sejam sábios no procedimento para com os de fora; aproveitem ao máximo todas as oportunidades. O seu falar seja sempre agradável e temperado com sal, para que saibam como responder a cada um." Colossenses 4:5,6

Este texto de Paulo é fundamental para pautar nosso relacionamento com aqueles que ainda não conhecem o Cristo que nós conhecemos. Seja agradável com os de fora e seja sábio para entender quando for o momento de parar. Nem todas as sementes florescerão instantaneamente, algumas levarão anos e você nem verá o resultado. Se nada acontecer, creia que você faz parte de algo muito maior que você mesmo e que Deus está preparando o melhor para esta pessoa!

Desafio: Procure estabelecer uma conversa com alguém que não conhece a Jesus nesta semana, seguindo as orientações de Paulo no texto de Colossenses 4.5,6.

DIA 29

K-2SO

"Não se amoldem ao padrão deste mundo, mas transformem-se pela renovação da sua mente, para que sejam capazes de experimentar e comprovar a boa, agradável e perfeita vontade de Deus." Romanos 12.2

K-2SO foi um droide de Segurança série-KX, criado para ser utilizado pelo exército imperial. Em algum momento de sua vida útil, teve um encontro com o Capitão Cassian Andor, membro da Aliança Rebelde, que tinha como objetivo restaurar a república através da queda do Império. Andor conseguiu reprogramar o droide e, desde então, ele passou a trabalhar para a Aliança. O Capitão recebe a missão de roubar os planos da estação de batalha Estrela da Morte e leva consigo K-2SO. A missão é extremamente difícil e a chance de êxito, segundo seus próprios cálculos, era extremamente pequena. Todos os integrantes do grupo terão que se sacrificar para que os demais possam continuar em frente e concluir a missão. Com o droide não será diferente, pois ele resistirá a um grande ataque de Stormtroopers para que Cassian e Jyn Erso consigam concluir a missão Rogue One, transmitindo os planos da Estrela da Morte para a Aliança Rebelde, que estava na órbita do planeta Scarif.

Este droide, diferente de outros da mesma série que não apresentavam nenhuma emoção por causa de algumas falhas em sua programação, possui uma personalidade totalmente autoconsciente. Entre as "qualidades" desta personalidade estão o cinismo, sarcasmo e, principalmente, o pessimismo, pois apresentava os baixos percentuais de sucesso para as missões das quais participava.

Gostaria de aproveitar este que, em minha opinião, é um dos melhores personagens de Rogue One, filme de 2016, para discutir com vocês no Devocional de hoje a questão da mudança de mentalidade necessária para os cristãos em sua jornada.

Da mesma forma como um droide de batalha imperial foi reprogramado para servir a Aliança Rebelde, todo ser humano necessita de uma reprogramação em seu modo de agir e pensar. Passamos nossas vidas vivendo de maneira egoísta, buscando ser o centro de nosso próprio universo, buscando o prazer e a satisfação pessoal, quando, de repente, temos um encontro genuíno com Jesus e algumas coisas acontecem em nossas vidas de maneira imediata. A primeira delas é entender que Deus nos amou de tal maneira que enviou Seu Filho para morrer em uma cruz pelos nossos pecados.

"Porque Deus tanto amou o mundo que deu o seu Filho Unigênito, para que todo o que nele crer não pereça, mas tenha a vida eterna." João 3:16

Entender a magnitude deste amor tão extravagante, necessariamente nos levará a um arrependimento genuíno, que nos traz o perdão de nossos pecados!

"E lhes disse: 'Está escrito que o Cristo haveria de sofrer e ressuscitar dos mortos no terceiro dia e que em seu nome seria pregado o arrependimento para perdão de pecados a todas as nações, começando por Jerusalém.'" Lucas 24:46,47

Um arrependimento genuíno não tem absolutamente nada a ver com tristeza. Ele gera uma mudança de atitude, uma guinada de 360° em nossa vida, pois, a partir desta compreensão de quem Deus é e o que Ele fez por nós através do sacrifício de Jesus, precisamos ser levados a uma mudança de mentalidade e comportamento. Não pelo medo, mas pela gratidão de amar aquele que nos amou primeiro!

"Portanto, se alguém está em Cristo, é nova criação. As coisas antigas já passaram; eis que surgiram coisas novas!" 2 Coríntios 5:17

Esta guinada em nossa vida transforma quem somos, e abrimos nossos olhos para uma nova vida na Presença de Deus! Por esta razão, não conseguimos guardar tamanha alegria dentro de nós e precisamos compartilhar essas boas notícias! Algo interessante sobre K2 é que ele mudou sua mentalidade, mas continuou com as falhas de caráter, cinismo, sarcasmo, etc. Da mesma forma, quando aceitamos a Jesus, iniciamos um grande processo de transformação de nosso caráter, que durará toda a nossa vida! Por isso tenha paciência consigo mesmo e com os demais... Não se esqueça: estamos todos em obras!

Desafio: Fale a respeito de Jesus para alguém nesta semana! Não existe melhor notícia para a humanidade!

DIA 30

REY

"Pois nessa esperança fomos salvos. Mas, esperança que se vê não é esperança. Quem espera por aquilo que está vendo?" Romanos 8.24

Rey é uma catadora de sucatas encontradas nos destroços de grandes naves fruto de uma grande batalha que ocorreu em seu planeta, Jakku. Ainda muito jovem, ela foi deixada neste local por sua família ou por algum tutor e, até o momento, não sabemos quem são seus pais ou qual é a sua origem. Enquanto escrevo estas palavras, o Episódio IX ainda não estreou. Vivendo uma vida medíocre, apenas sobrevivendo com a venda de peças sobressalentes, ela deposita toda sua esperança na volta daqueles que, um dia, a deixaram em Jakku, prometendo retornar para buscar a jovem Rey.

Sua rotina será completamente transformada com a chegada do stormtrooper desertor FN-2187, também chamado de Finn, e do androide BB-8, que a colocarão em rota de colisão com a Primeira Ordem e com Kylo Ren, o principal agente do lado sombrio em sua geração até o momento. Rey desperta para a existência da Força quando toca no sabre de luz que um dia pertenceu a Luke Skywalker e precisará de alguém que a ajude a controlar a Força, pois ela dá mostras, desde cedo, de que possui uma grande interação com ela, quando resiste ao controle de Kylo Ren, quando consegue controlar o Stormtrooper que a mantinha cativa e quando consegue enfrentar Kylo em um duelo de sabres de luz, vencendo o experiente cavaleiro.

Neste dia, gostaria de abordar o assunto que movia a vida de nossa personagem durante seus dias de catadora de sucata espacial: sua fé, sua perseverança e sua esperança. Antes da jornada de o Despertar da Força, o que mantinha Rey viva era a expectativa de que, um dia, aqueles que a deixaram neste lugar à própria sorte, voltariam para buscá-la. Com certeza descobriremos quem são seus pais no último filme da trilogia, a Ascenção Skywalker, mas a identidade deles não é importante neste momento. A fé no retorno das pessoas que a deixaram em Jakku era o combustível que fazia com que ela continuasse sobrevivendo, além de gerar esperança em sua difícil jornada.

Fé, perseverança e esperança são três estágios necessários para a jornada de todo o cristão, de acordo com as Escrituras.

Fé: "Pois vocês sabem que a prova da sua fé produz perseverança." Tiago 1:3

Segundo Tiago, a fé produz perseverança. Fé é trazer à existência aquilo que ainda não existe (Hebreus 11:1). Rey tinha fé de que alguém apareceria para buscá-la e todos os dias ela precisava renovar esta fé, pois ela continuava sozinha.

Perseverança: "Não só isso, mas também nos gloriamos nas tribulações, porque sabemos que a tribulação produz perseverança;" Romanos 5:3

As dificuldades e desafios geram perseverança em nossas vidas, que é o ato de continuar crendo, mesmo quando as circunstâncias mudam ao nosso redor e somos desafiados a manter a fé nestas ocasiões; para Rey, os dias tornaram-se meses e os meses, anos!

Não se esqueça: nossa fé será provada pelo tempo!

Esperança: "A perseverança, um caráter aprovado; e o caráter aprovado, esperança." Romanos 5:4

O terceiro estágio da fé coloca nossa expectativa não no presente, mas no futuro, na esperança da nossa salvação e na eternidade conquistada por Cristo para a humanidade. Rey esperou por algo durante toda a sua vida e, quando encontrou Finn e BB-8, entendeu que aquela era a oportunidade que estava aguardando, mesmo que não fossem seus pais.

Independentemente do que estivermos precisando, Jesus é poderoso para fazer infinitamente mais do que pensamos ou imaginamos. Devemos alimentar nossa fé através da Palavra de Deus e orar, perseverando com esperança na fidelidade de nosso Pai Celestial!

Desafio: Quais são suas necessidades neste momento? Anote todas as suas necessidades e motivos de oração. Separe as necessidades (emprego, cura, recursos) dos desejos (faculdade, promoção, trocar de carro). Em seguida, coloque em oração todos os dias estes pedidos e testemunhe o agir de Deus! Cultive fé! Persevere! Tenha esperança!

FINN

"Mas quando o Espírito da verdade vier, ele os guiará a toda a verdade. Não falará de si mesmo; falará apenas o que ouvir, e lhes anunciará o que está por vir." João 16.13

O Stormtrooper FN-2187 foi retirado de sua família ainda criança para ser entregue à Primeira Ordem, a fim de ser treinado como um soldado. Sua primeira missão oficial foi acompanhar Kylo Ren até o planeta Jakku, pois a Primeira Ordem descobriu que a Resistência tentaria obter o paradeiro do Mestre Jedi Luke Skywalker com Lor San Tekka, simpatizante da causa da Nova República.

Anos de pesados treinamentos práticos e teóricos na base imperial de treinamento para soldados não prepararam FN-2187 para a barbárie e horrores da guerra, na qual todos os que moravam na aldeia de Lor San Tekka foram exterminados, a mando de Kylo Ren. Algo não estava bem com o Stormtrooper, que deixou de enxergar uma missão plausível para sua vida, pois toda a violência e injustiça praticadas pela Primeira Ordem não eram dignas. Por esta razão, ele ajuda o prisioneiro de Jakku, o piloto da Resistência Poe Dameron, a escapar de uma nave em órbita do planeta. Na fuga, Poe vai apelidá-lo de Finn e ambos retornam ao planeta, após o caça em que estavam ser abatido. Finn acredita que seu amigo tenha morrido na queda, quando, então, encontra Rey e BB-8 e a aventura de todos eles terá início.

De Stormtrooper arrependido à Herói da Resistência, a trajetória de Finn pode nos ajudar em nosso Devocional de hoje. Ele foi criado a partir de uma única convicção: servir à Primeira Ordem em obediência a seus superiores. Mas algo muda quando ele enxerga o modo de operação de sua liderança e decide abandonar a única vida que conhecia, sem qualquer segurança do que aconteceria depois deste momento.

Quando analisamos nossa vida antes de Cristo, para aqueles que são cristãos, percebemos que esta é a base da conversão de muitos que aceitam a Jesus como Senhor e Salvador. Vivíamos segundo um padrão estabelecido, uma visão de mundo baseada no egoísmo, em nossos próprios interesses, quando, de repente, algo parece não fazer mais o sentido de antes. Uma vida sem propósito, com muitas dificuldades e desafios que nos inquietam e nos levam a tomar uma atitude: aceitar o convite de algum parente ou amigo para visitar uma célula ou grupo familiar ou, ainda, um culto. Uma vez neste lugar, algo começa a mudar em nossos corações, pois, quando um apelo que transforma este dia em um divisor de águas em nossas vidas é feito, aceitamos o convite, deixando tudo para trás, sem a menor segurança do que vai acontecer na sequência. Isto acontece todos os dias no mundo inteiro, por causa da presença do Espírito Santo na terra. Segundo Jesus:

"Mas eu lhes afirmo que é para o bem de vocês que eu vou. Se eu não for, o Conselheiro não virá para vocês; mas se eu for, eu o enviarei. Quando ele vier, convencerá o mundo do pecado, da justiça e do juízo." João 16:7,8

É o Espírito Santo quem nos convence a respeito do pecado em nossas vidas e gera o arrependimento em nossos corações que, por sua vez, gera a mudança de mentalidade (metanoia) que precisamos para dar início a esta nova jornada. Devemos buscar pelo Espírito Santo em nossas vidas, para que Ele nos convença sobre o pecado, a justiça e o juízo. Este relacionamento que se inicia através de uma decisão precisa continuar sendo trabalhado e aprimorado durante nossa jornada na terra!

Desafio Radical: Ore durante esta semana para que o Espírito Santo coloque em seu coração um amigo ou pessoa próxima que ainda não conhece a Cristo como Senhor e Salvador. Em oração, convide esta pessoa para seu grupo pequeno ou culto em sua igreja local e continue orando para que ele ou ela tenha uma experiência poderosa com Jesus durante este tempo. Que a vida desta pessoa seja dividida em antes e depois deste dia! Está preparado (a) para ser um instrumento nas mãos de Deus? Conte pra gente como foi, publicando a experiência em suas redes sociais marcando @parabolasgeek e @editoracemporcentocristao em seu post! Estamos na expectativa pelo seu relato!

DIA 32

POE DAMERON

"Uma geração contará à outra a grandiosidade dos teus feitos; eles anunciarão os teus atos poderosos." **Salmos 145.4**

Poe Dameron foi o piloto mais brilhante, ousado e inconsequente da Resistência em sua luta contra a Primeira Ordem. Era filho de Shara Bey e Kes Dameron, rebeldes que lutaram ao lado da Aliança contra o Império e ajudaram na instalação da Nova República. Durante sua infância, viu muito pouco a seus pais, pois eles viviam de batalha em batalha, mas sabia que estavam lutando por algo maior. Desde cedo quis seguir o caminho de sua mãe, que era um piloto da Aliança. Poe pilotou pela primeira vez aos seis anos de idade e, desde então, aprimorou suas técnicas e alcançou o posto do melhor em sua posição.

A união entre sua fama recém conquistada e sua juventude trouxe uma série de problemas a Dameron. Inconsequente muitas vezes, com problemas em cumprir as ordens de seus superiores, colocava em risco não apenas as missões, mas as equipes que estavam com ele. Muitas vezes ele era bem-sucedido mesmo desobedecendo, o que alimentava ainda mais seu ego. A pressão da Primeira Ordem leva a Resistência a um ato desesperado: enviar seu melhor piloto para o planeta Jakku encontrar Lor San Tekka para tentar descobrir o paradeiro de Luke Skywalker. Poe será capturado e escapará com a ajuda do desertor FN-2187, a quem dará o apelido de Finn. Ele será o responsável pelo tiro definitivo que destruirá a estação de batalha Starkiller, desobedecendo uma ordem da general Organa. Já no episódio VIII, os Últimos Jedi, Poe não aceita a estratégia estabelecida pelo Vice-almirante Amilyn Holdo, até compreender a razão pela qual ela tomou as atitudes que tomou (não queremos dar spoilers do Episódio VIII). Para ajudar em nossa reflexão de hoje, é importante compreender que, no caso da General Organa, ela elogiou a ousadia de Dameron e, no caso de Amilyn Holdo, foi Poe quem elogiou a postura da líder da Resistência, mostrando que ambas as gerações podem aprender uma com a outra, se existir espaço para o diálogo e para a comunicação.

Esta história pode nos ajudar muito a discutir um assunto muito urgente em nossos dias: o conflito entre gerações.

Uma das maiores estratégias de nosso inimigo neste tempo é investir para enfraquecer a comunicação entre as gerações. Com a tecnologia instantânea na palma da mão através dos Smartphones e tablets, ao mesmo tempo em que estamos conectados ao mundo todo, nunca estivemos tão solitários e sozinhos. Nossos adolescentes nunca estiveram tão depressivos e os índices de suicídio de jovens nunca foram tão altos. A questão que fica é: por que isso acontece? Existe uma vida virtual e uma vida real que tem se confundido na cabeça de muitos de nós nestes dias. A vida virtual deve ser um instrumento para facilitar processos que, sem a tecnologia seriam mais difíceis, como ligações, reuniões e entretenimento, por exemplo. O problema é quando transformamos a vida virtual em nossa vida real, pois ninguém consegue passar 24 horas passeando, divertindo-se, feliz, como tentamos expor nas redes para nossos seguidores. Muitos de nós estamos abandonando o convívio com nossa família para permanecer conectados com amigos virtuais que nem ao menos conhecemos pessoalmente.

Por outro lado, muitos pais estão desistindo de lutar pelo relacionamento, permitindo que seus filhos permaneçam isolados em seus quartos e fones de ouvido. Gostaria de convocar a todos que leem estas palavras, sejam pais ou filhos, para que lutem pelo restabelecimento da comunicação genuína! O desafio de hoje nos ajudará a colocar em prática este desejo de muitas famílias. Jovens, demonstrem atenção aos conselhos dos mais experientes! Pais, não enxerguem os mais novos como imaturos que não devem ser levados em conta! Eles possuem a força que trará transformação para nossa geração!

Desafio: Nesta semana separe uma noite para conversar com sua família sem o uso do celular. Escolha o dia em que todos estiverem em casa e promova a noite analógica! Conversem, ouça, fale! Envie uma foto de sua noite analógica pra gente!

DIA 33

KYLO REN

"Não se deixem enganar: as más companhias corrompem os bons costumes." 1 Coríntios 15.33

Ben Solo é filho dos heróis de guerra da Aliança Rebelde, princesa Leia Organa e do General Han Solo. Tem uma forte sensibilidade à Força por ser um Skywalker e, por isso, será treinado pelo seu tio Luke, que deseja fundar uma nova Ordem Jedi. O império havia caído, um tratado de paz foi assinado entre a Nova República e os remanescentes do império, e os trabalhos para reerguer o sistema político consumiu os heróis de guerra, entre eles, os pais de Ben.

O treinamento para ser um Jedi será interrompido pelo seu fascínio por seu avô, Darth Vader. Ben Solo tem uma fixação doentia pelo legado de medo e poder deixado por Vader na história recente da galáxia. Ele entende, então, que sua missão é terminar o que seu avô começou. Ele sucumbe ao lado sombrio da Força e mata todos os alunos da nova academia Jedi porque, para ele, exterminar os Jedi era uma das funções de Vader. Apenas Luke sobrevive ao ataque de seu sobrinho e vê seu sonho de restauração da Ordem morrer com seus alunos. A partir de então, Ben Solo passa a se chamar Kylo Ren e lidera os Cavaleiros que levam seu nome, sendo treinado desde então pelo misterioso Líder Supremo Snoke nos caminhos sombrios da Força. Ele demonstra ser um personagem dividido entre os caminhos possíveis, ou seja, Kylo ainda não enterrou de uma vez por todas os resquícios de bondade de sua antiga natureza. Por esta razão, tenta destruir todas as pessoas que fizeram parte de sua vida como Ben Solo, primeiro seu pai e depois seu tio.

No Devocional de hoje, gostaria de abordar a importância de tomarmos cuidado com as companhias que escolhemos ao longo de nossa jornada na terra. Vivemos dias em que estamos conectados virtualmente, mas isolados e solitários na vida real por diversas razões. Por isso, as pessoas que permitimos fazer parte de nossas vidas são muito importantes. Este é um dos desafios da igreja contemporânea: manter os relacionamentos reais em uma era de comunicação e mídias virtuais.

Quando falamos sobre relacionamentos visando nosso crescimento espiritual, precisamos pensar em dois grupos de pessoas: aquelas que nos edificam e as que nós ajudamos a edificar. É claro que esta relação não é tão simples, pois, sempre que ensinamos algo a alguém, também aprendemos a mesma lição de diferentes maneiras, mas, para sermos didáticos, vamos considerar estes dois grupos. Com quem você tem caminhado para abrir seu coração e compartilhar seus segredos? A opinião desta pessoa é importante para você, como os conselhos de Snoke foram para Ben Solo? O legado de uma pessoa perdura por gerações, seja ele bom, seja ele mau. Percebemos o estrago que a má reputação do avô resultou na vida de Kylo Ren.

Em primeiro lugar, busque relacionamentos com pessoas que possam ajudar em seu crescimento e amadurecimento espiritual. Nossa visão de mundo é formada pelo conjunto de nossas experiências, incluindo o tempo que passamos com outras pessoas, conversando, debatendo, ouvindo e falando. Por isso, quando pensar em pessoas que acrescentem em sua vida, procure por aqueles que sejam sábios para ajudar em sua jornada!

"O coração do sábio ensina a sua boca, e os seus lábios promovem a instrução." Provérbios 16:23

Em segundo lugar, nós também seremos procurados por outras pessoas com o objetivo de auxiliá-las em suas vidas com Deus. Por esta razão, nossa preparação é fundamental para que elas encontrem respostas para seus anseios. Nossa missão é levá-las até a Palavra e até Cristo, para que a glória seja sempre entregue a Deus!

Procure por boas companhias e não se esqueça de ser também uma boa companhia para aqueles que te procurarem!

Desafio: Quando a ideia de que você é um referencial para outras pessoas vem à sua mente, quais são seus maiores temores? Quais as áreas em que você precisa melhorar para ser uma resposta de Deus para sua geração? O que você pode fazer na prática este mês para se aproximar deste objetivo?

DIA 34

GENERAL ORGANA

"Jesus bradou em alta voz: 'Pai, nas tuas mãos entrego o meu espírito'. Tendo dito isso, expirou." Lucas 23.46

Os dias que sucederam o fim do Império foram gloriosos! Havia renascido uma esperança de uma Nova República distante da contaminação e dos erros cometidos no passado, que agora poderiam ser corrigidos por uma nova geração de políticos. Leia se casa com Han Solo e eles têm um filho, chamado Ben. Como ele também é sensível à Força, entrega o menino para ser treinado por seu irmão, Luke Skywalker, que desejava fundar uma nova ordem Jedi na Galáxia. Tudo ia muito bem, até que a vida de Leia virou de cabeça para baixo!

Seu filho nutria uma admiração muito grande por seu avô, Darth Vader, e acaba destruindo a academia de Luke para inviabilizar o ensino e as práticas Jedi em sua geração. Este desgosto e desilusão levarão Luke ao exílio e transformarão Ben Solo em Kylo Ren, um inimigo de tudo o que o trabalho de Leia e seus amigos representa. Como se não bastasse isso, o trauma desta decisão do filho causará a separação do casal. Leia, conhecida agora como General Organa, continua como líder da frágil Nova República, enquanto vê a reorganização dos remanescentes do império da Primeira Ordem. Perceba que todo o contexto de paz e prosperidade que ela pode ter imaginado quando tiveram a grande vitória do passado não se concretizou no futuro! Todo este ambiente tão delicado de grandes desafios, tanto em sua família quanto em sua sociedade, seriam motivos suficientes para que uma pessoa comum, pautada pelas circunstâncias, tivesse se entregado e desistido.

Mas tudo isso levou a General Organa a lutar ainda mais, pois a motivação em seu coração estava na esperança de que, um dia, todo o esforço presente valeria a pena no futuro, se não para ela, ao menos para as próximas gerações.

Jesus perseverou até o fim. Diante de todas as adversidades, mesmo sabendo o destino que o aguardava em Jerusalém, ele continuou Sua jornada em obediência até o fim! A razão para tamanho sacrifício foi, sem sombra de dúvidas, fazer a vontade de Deus:

"Pois desci do céu não para fazer a minha vontade, mas para fazer a vontade daquele que me enviou." João 6:38

Neste sentido, a obra de Cristo cumpriu a vontade de Deus de estabelecer um sacrifício definitivo para toda a humanidade como o preço para o pecado que trouxe a morte para o homem. Desse modo, podemos aprender uma importante lição com o Messias. Quando as circunstâncias estiverem obscuras, como o futuro da General Organa que contrariou toda a esperança, devemos confiar em Deus e em Seus propósitos para nossas vidas! Devemos crer que a Bíblia É a Palavra de Deus que não contém erros, por isso pode ser totalmente confiável para guiar nossas vidas, muitas vezes sem sentido! Existem centenas de promessas em suas páginas e nós devemos nos apegar a elas durante nosso tempo na terra.

A segunda lição que aprendemos tem relação com a resiliência de Leia - palavra complicada para definir uma pessoa que não desiste de seus propósitos quando as coisas não acontecem como estamos esperado. Muitos de nós temos esperança e expectativa quando todo o vento nos é favorável. O difícil é permanecermos firmes diante das adversidades como ela fez. Sofreremos no processo, mas este sofrimento não pode mudar a rota rumo ao cumprimento do propósito de Deus para nossas vidas! Qualquer outro projeto humano não trará a satisfação que começa aqui na terra, mas que será permanente durante a Eternidade com Deus!

Desafio Nível Avançado: Para nos ajudar a compreender melhor como devemos nos comportar durante a adversidade, o desafio do nosso devocional é fazer a leitura do livro de Jó, prestando uma atenção especial ao comportamento dele diante do sofrimento. Você aceita o desafio de ler Jó em 4 dias? Tire uma foto desta página e publique em suas redes sociais marcando o @parabolasgeek e @editoracemporcentocristao, dizendo que está no desafio especial da General Organa!

DIA 35

LUKE SKYWALKER
Parte 2

"Mas aquele que perseverar até o fim será salvo."
Mateus 24.13

Após a primeira vitória da Aliança Rebelde contra o Império, Luke torna-se um dos líderes do movimento. Ele enfrenta Darth Vader pela primeira vez e descobre que ele não matou seu pai, mas que Vader É Anakin Skywalker! A partir deste momento, Luke passa a planejar como deveria ajudar seu pai a retornar para o lado luminoso da Força. Para alcançar seu objetivo, ele não mede esforços, chegando ao ponto de se entregar para as forças imperiais para ter a oportunidade de estar frente a frente com seu pai mais uma vez. Luke praticamente sacrifica sua vida em busca de uma oportunidade para resgatar Anakin Skywalker! Seu plano funciona, pois, quando o Imperador Palpatine começa a usar raios para matar Luke, Darth Vader derrota o verdadeiro inimigo da saga Star Wars, tendo, enfim, sua redenção antes de morrer como um Jedi. Enfim entendemos a razão pela qual o terceiro filme da primeira trilogia tem o nome de "O Retorno de Jedi"!

Uma frase que se tornou um ícone da cultura pop mundial é aquela em que Luke diz que é um Jedi, como seu pai antes dele. Mesmo vendo o presente de Anakin através da máscara de Darth Vader, ele sabe que o grande Jedi das guerras clônicas ainda está lá em algum lugar e, por esta razão, arrisca tudo pela oportunidade de trazê-lo de volta. Perseverança e uma fé inabalável na transformação de seu pai foram os elementos que moveram o jovem Skywalker em sua jornada. Este será o pano de fundo para nosso Devocional de hoje. Gostaria de destacar dois pontos para nossa reflexão.

Em primeiro lugar, o Sacrifício de Jesus na Cruz trouxe a possibilidade de resgate de nossas vidas más, e podemos, então, mudar nossa história através da graça divina, que já fez tudo o que era necessário antes de nos voltarmos a Deus. A sua morte voluntária trouxe vida a todo aquele que O aceitar como Senhor e Salvador e, a partir deste encontro, iniciar uma jornada para mudar suas atitudes, através da fé em Deus e em Seu auxílio infalível.

Em segundo lugar, Luke pode nos ajudar a entender nosso papel como cristãos que não devem desistir das pessoas. Não é o presente que define nosso destino, mas sim o que resolvemos fazer com ele! Assim como Luke conseguiu enxergar além da armadura de Darth Vader, devemos olhar para além das atitudes externas das pessoas, que muitas vezes exteriorizam rancor e mágoas por situações de seu passado, despejando suas frustrações nas pessoas ao seu redor. Apenas perseverança e a fé no poder transformador de Cristo podem nos levar a continuar crendo apesar das circunstâncias. A definição bíblica para fé é a base para vencermos este gigante:

"Ora, a fé é a certeza daquilo que esperamos e a prova das coisas que não vemos." Hebreus 11:1

A certeza do que esperamos e a prova do que não vemos. Enxergar os grandes desafios de nossa vida desta maneira pode nos ajudar a colocar nossos olhos não no caos do presente, mas no resultado da perseverança em um futuro próximo. Se temos a certeza do que estamos esperando, podemos começar a agir como se já tivéssemos este resultado! A fé ativa deve nos levar a agir antes mesmo de vermos o resultado de nossas orações. Esta mudança começa em nosso interior com a mudança de perspectiva de nossos sentimentos:

"Mudaste o meu pranto em dança, a minha veste de lamento em veste de alegria." Salmos 30:11

Quando começamos a viver pela fé, tomamos atitudes ousadas em Deus que trazem à existência aquilo que ainda não existe, mas que, pela fé, podemos ter a certeza de que receberemos! Um lar restaurado? Vínculos entre pais e filhos? A cura para uma enfermidade? Veja pela fé suas orações respondidas! Mude suas vestes de pranto e lamento para novas vestes de dança e alegria! Não viva em função da chegada, mas aproveite a beleza do caminho que o levará até lá!

Desafio Radical: Você conhece alguém que é muito contrário ao Evangelho? Chega de sermos passivos com esta situação! Vamos levantar um clamor pelas pessoas difíceis em nossas famílias, trabalhos e faculdades. Faça um jejum de 40 dias pela vida desta pessoa e, se puder, chame amigos para intercederem com você por esta vida! Não esqueça de nos contar o que aconteceu depois deste período!

DIA 36

BB-8

"Pois desci do céu, não para fazer a minha vontade, mas para fazer a vontade daquele que me enviou." João 6.38

BB-8 é um droide astromecânico de propriedade do piloto Poe Dameron, que guarda informações sobre o paradeiro de Luke Skywalker. O modelo BB foi construído após a Batalha de Endor. Diferente de todos os outros modelos apresentados até então, acompanhamos com ele a mesma estratégia utilizada décadas antes para esconder e despachar planos importantes para a resistência rebelde, através de droides astromecânicos. No início foi a unidade R2-D2, agora será com BB-8. O interessante para nossa reflexão de hoje é que ele possui apenas metade do arquivo necessário para que consigam localizar o paradeiro do Jedi, que partiu há muito tempo para o exílio. Como esta é uma informação que a Primeira Ordem também deseja obter, o pequeno droide terá que fugir pelo deserto do planeta Jakku, onde se encontrará com Rey, a catadora de lixo tecnológico de destroços de naves, fruto de uma grande batalha em seu planeta. Ela o ajuda a chegar novamente ao seu dono e, ao encontrar a Resistência, o droide R2-D2 sai de um modo de hibernação e mostra a outra metade do arquivo, revelando, assim, o mapa de localização de Luke Skywalker.

Gostaria de aproveitar a trajetória do droide que caiu nas graças da nova geração de fãs de Star Wars, para discutir a respeito da relação entre os planos de Deus e o sonho dos homens. É natural do ser humano buscar pelo seu bem-estar e conforto e não existe nada de errado com isso. O problema começa quando pensamos que Cristo veio à terra para nos trazer bem-estar e conforto!

Muitos pregadores em nossos dias estabelecem meias verdades para massagear o ego de jovens e adolescentes mimados, com um discurso antropocêntrico, ou seja, colocando o ser humano como o centro da obra de Cristo na terra. Jesus não veio para nos trazer uma vida sem problemas, mas para nos trazer a vida eterna. Ele também não deixou a glória dos céus para fazer a nossa vontade, como se fosse um "gênio da lâmpada gospel", que está sempre a serviço dos fiéis para realizar desejos do coração do homem. Quando vou para a Bíblia, encontro o seguinte texto:

"Pois desci do céu, não para fazer a minha vontade, mas para fazer a vontade daquele que me enviou." João 6:38

Jesus, ao cumprir a vontade do Pai, sendo obediente até o fim, conquista a maior bênção que poderíamos imaginar, pois estávamos todos condenados ao inferno. Graças a seu trabalho:

"Porque a vontade de meu Pai é que todo o que olhar para o Filho e nele crer tenha a vida eterna, e eu o ressuscitarei no último dia." João 6:40

Assim como BB-8 que, por possuir apenas parte da informação que localizaria Luke Skywalker acaba mantendo toda a equipe perdida sem saber o caminho que deveriam seguir, nós também corremos sérios riscos de permanecer à deriva, caso venhamos a aceitar parte das Escrituras e não sua totalidade! A Bíblia é a Palavra de Deus de Gênesis até Apocalipse. Por isso, é necessário conhecermos a Bíblia toda e não apenas parte dela, para que nossa vida na terra seja uma vida bem-sucedida, em todas as áreas!

Você pode estar perguntando neste momento: "mas então não posso sonhar com uma casa melhor, um bom carro para minha família, uma viagem ou o que quer que seja?" Claro que pode!
Tenha sonhos especiais para sua vida, mas nunca se esqueça que:

"Assim como os céus são mais altos do que a terra, também os meus caminhos são mais altos que os seus caminhos e os meus pensamentos mais altos que os seus pensamentos." Isaías 55:9

Deus nos ama e isso é maravilhoso! Ele enviou Seu Filho por amor à humanidade! E é justamente por nos amar de maneira extravagante que muitas coisas que pedimos não serão atendidas! Uma criança quer muitas coisas, mas seus pais sabem que não podem atender todos os desejos dos filhos pois podem se machucar. Conheça Deus através da Bíblia, de toda a Bíblia e seja feliz!

Desafio: Como está sua leitura bíblica? Se você não começou o desafio do primeiro dia, esta é sua segunda chance de iniciar seu plano de Leitura Bíblica! É a leitura da Palavra que nos fará compreender a verdade completa do Evangelho de Cristo!

DIA 37

JABBA, O HUTT

"Então o senhor chamou o servo e disse: 'Servo mau, cancelei toda a sua dívida porque você me implorou. Você não devia ter tido misericórdia do seu conservo como eu tive de você?'" Mateus 18.32,33.

Jabba é uma espécie de mafioso galáctico que foi representado no Universo de Star Wars como uma espécie de grande lesma espacial. Dono de um verdadeiro império do crime no submundo da República, Jabba possuía estabelecimentos de jogos, bares, escravismo, entre outros negócios escusos. Sua fama era conhecida em toda a galáxia, sendo temido e amado pelo povo de Tatooine.

Han Solo tem uma dívida com Jabba, que contrata diversos caçadores de recompensa para o capturarem. Ele será traído por seu amigo Lando Carlissian e será entregue ao caçador Bobba Fett, que o congelará em carbonita. Ela mantém o indivíduo vivo, mesmo congelado na substância. Após uma tentativa frustrada, a Aliança Rebelde consegue resgatar Han Solo e o retira da carbonita. Na luta que segue, a princesa Leia asfixia Jabba na mesma corrente em que estava aprisionada pelo Hutt.

No Devocional de hoje, gostaria de conversar com vocês a respeito de dívidas e cobranças. Jabba executou a dívida de Han Solo através de caçadores de recompensa muito perigosos. Jesus conta uma parábola como resposta a uma pergunta clássica do apóstolo Pedro:

"Então Pedro aproximou-se de Jesus e perguntou: 'Senhor, quantas vezes deverei perdoar a meu irmão quando ele pecar contra mim? Até sete vezes?' Jesus respondeu: 'Eu lhe digo: não até sete, mas até setenta vezes sete'". Mateus 18:21,22

Nesta parábola, Jesus fala sobre um devedor que tinha um valor imenso para pagar e foi perdoado pelo seu credor. Ao ser liberto de seu débito, ele executa uma dívida muito menor sem misericórdia alguma. O fim daquele que muito foi perdoado, mas não conseguiu perdoar não foi muito bom, conforme podemos perceber no texto base de nosso Devocional. Esta parábola ilustra uma realidade maravilhosa: nenhum de nós era merecedor do perdão e da misericórdia de nosso Pai celestial. Pela nossa condição, deveríamos ser condenados. Mas, pela Sua graça, recebemos o perdão de nossos pecados, que foram anulados através do pagamento de um preço que nunca teríamos condições de arcar: o sangue do Filho de Deus, Jesus! Se o reconhecermos como Senhor e Salvador, teremos acesso a este perdão imerecido de uma dívida impagável.

A grande questão é: o que devemos fazer com tal informação? Exercer a mesma medida para aqueles que estiverem ao nosso redor. Perdoar as pessoas repetidas vezes faz parte do caráter daqueles que entenderam o tamanho do perdão que receberam. Nenhuma obra na terra seria capaz de pagar aquilo que Jesus fez por nossas vidas. Neste sentido, devemos viver como alguém que, voluntariamente, entrega sua vida em gratidão por este perdão. Está entendendo como é importante reconhecer que éramos escravos do pecado e que Jesus nos libertou através de sua morte e ressurreição? Nossa vida deve ser pautada por esta revelação e, deste momento em diante, devemos buscar fazer o mesmo em nossa geração.

Jesus usou diversas analogias financeiras para explicar a respeito do perdão de nossos pecados. Na oração do Pai nosso, ele declara:

"Perdoa as nossas dívidas, assim como perdoamos aos nossos devedores." Mateus 6:12

Este texto mostra que existe uma condição para sermos continuamente perdoados por Deus: perdoarmos as ofensas e deslizes das outras pessoas. Receberemos na exata medida do que fizermos pelo próximo, pois amar ao próximo só perde para amar a Deus, na escala de prioridades do cristão. Perdoar quem nos ofende mostra o nível de nosso cristianismo é fundamental para uma vida saudável na terra!

Desafio: Separe dez textos bíblicos que abordem a questão do perdão dos pecados e medite neles nos próximos 3 dias, orando pela revelação da graça de Deus ao perdoar nossos pecados! Este desafio pode ser aplicado a qualquer tema, pois precisamos entender o que a Bíblia diz a respeito de todos os assuntos para podermos lidar melhor com eles.

DIA 38

SABRES DE LUZ

"Há diferentes tipos de ministérios, mas o Senhor é o mesmo."
1 Coríntios 12.5

O sabre de luz é uma das armas mais conhecidas na história do cinema mundial. Seu formato e o som característicos são conhecidos em todo o mundo, tamanho sucesso que a arma dos Jedi fez entre os que estão nesta galáxia. O que nem todos conhecem é a história de como cada sabre é construído. Nos filmes, vemos apenas os sabres nas mãos dos Jedi e Sith. O processo de criação é explicado nas séries animadas Clone Wars e Star Wars Rebels.

Cada sabre precisa ser construído pelo Padawan, que é um aprendiz de Jedi. Por esta razão, cada sabre de luz é uma arma única com características de seu portador. É como se a identidade do dono estivesse gravada em seu sabre. Além da parte mecânica de construção do tipo do sabre, o outro elemento fundamental para a existência da arma é o cristal Kyber, um tipo bastante raro e peculiar de cristal que escolhe o seu futuro dono. Faz parte do treinamento de todo Jedi partir em uma jornada para encontrar seu cristal kyber, que é neutro até se "conectar" com o Padawan e, então, manifesta uma de suas cores possíveis.

Um detalhe interessante a respeito do cristal é que ele existe para os Jedi e não pode conviver com o lado sombrio. Nenhum Sith ganha o kyber, eles precisam corromper o cristal para servir seus interesses. Neste sentido, a cor vermelha dos sabres Sith representam o sofrimento do cristal que "sangra" ao ser utilizado pelo lado sombrio. Isso foi explicado no livro Ahsoka, lançado em 2016, que, embora não faça parte da história oficial da saga, explica a razão para a cor peculiar destes sabres. Até então, imaginava-se que os cristais vermelhos eram sintéticos, ou seja, criados artificialmente e, por esta razão, seriam vermelhos.

Esta história peculiar pode nos ajudar a compreender melhor um poderoso princípio do Reino de Deus: o ministério cristão. Da mesma forma como o sabre é composto por dois elementos principais, o cristal e a base construída por cada padawan, o ministério também apresenta duas faces importantes para nossa reflexão: a humana e a divina.

O aspecto humano do ministério é representado pelo trabalho que o Padawan tem de construir a base de seu sabre. Da mesma forma em que é necessário investir tempo na construção do sabre, no ministério cristão é preciso buscar os conhecimentos necessários para exercer com excelência aquilo que o Senhor nos confiar em nossas jornadas. Jesus começou seu ministério terreno aos trinta anos de idade, ou seja, passou sua juventude toda em preparação para o cumprimento de sua missão.

"Jesus tinha cerca de trinta anos de idade quando começou seu ministério. Ele era, como se pensava, filho de José, filho de Eli." Lucas 3:23

O segundo aspecto desta equação é representado pelo cristal kyber. Assim como o Padawan é escolhido pelo cristal, somos escolhidos por Deus para desempenhar diferentes funções no Reino.

"Digam a Arquipo: 'cuide em cumprir o ministério que você recebeu no Senhor'". Colossenses 4:17

Não escolhemos o que fazer, pois é o próprio Deus quem nos comissiona para servirmos como embaixadores de Seu Reino na Terra. Devemos, portanto, nos espelhar em Cristo e fazer a nossa parte em nossa geração:

"Não damos motivo de escândalo a ninguém, em circunstância alguma, para que o nosso ministério não caia em descrédito." 2 Coríntios 6:3

Não podemos nos esquecer que ministério tem relação a servir os outros através dos dons dados por Deus. Jesus, nosso maior exemplo, deixou isso muito claro ao longo de sua jornada!

"Pois nem mesmo o Filho do homem veio para ser servido, mas para servir e dar a sua vida em resgate de muitos." Marcos 10:45

Desafio: Converse com seu pastor ou líder a respeito dos ministérios que são desenvolvidos em sua igreja local. Depois converse com algumas delas e pergunte como tudo começou, quais os desafios, quais são as dificuldades para dar início, qual a preparação necessária para o ministério! Esperamos que as respostas encorajem você a investir no seu chamado!

DIA 39

MILLENNIUM FALCON

"Cresçam, porém, na graça e no conhecimento de nosso Senhor e Salvador Jesus Cristo. A ele seja a glória, agora e para sempre! Amém." 2 Pedro 3.18

A Millennium Falcon é um cargueiro Coreliano código YT-1300. Sua aparência exterior é a mesma de quando foi fabricada, por isso, nem de longe, chama a atenção das patrulhas do Império. Seus donos, porém, fizeram inúmeras modificações internas na nave, util zando, inclusive, peças de naves do Império para fortalecer seus escudos defletores, canhões laser, e até mesmo os cérebros de droides para melhorar a performance da Millenniun. Não conhecemos a totalidade de sua história, mas acompanhamos seus dois últimos e mais importantes donos: Lando Carlyssian e Han Solo.

Ambos eram contrabandistas e melhoraram a nave para que seus "negócios" ilegais pudessem ser feitos e, em caso de necessidade, pudessem escapar de seus perseguidores. Mesmo não sendo uma nave de corrida, venceu a famosa corrida Kessel, com uma marca que se tornaria histórica: menos de 12 parsecs! A Millenniun Falcon foi fundamental para a vitória da Aliança Rebelde sobre a Estrela da Morte, pois deu cobertura para que a nave de Luke Skywalker pudesse dar o disparo fatal para a estação de batalha. Após a morte de Han Solo no Episódio VII, a nave continua sendo usada, agora por Rey e Chewbacca, para encontrarem Luke, exilado há muito tempo.

Gostaria de aproveitar a nave mais conhecida do universo de Star Wars para tratar de dois elementos a respeito de crescimento espiritual. Preparados?

Em primeiro lugar, a nave por fora ainda era a mesma. A mudança profunda foi feita em seu interior, onde os olhos do Império não poderiam ver. Da mesma forma, em nossas vidas o crescimento espiritual acontece de dentro para fora. Jesus tinha um discurso muito duro com um grupo específico da sociedade judaica do século I: os fariseus, que se escondiam em uma aparência de santidade, sem respaldo em suas atitudes cotidianas. Sobre eles Jesus diz:

"Obedeçam-lhes e façam tudo o que eles lhes dizem. Mas não façam o que eles fazem, pois não praticam o que pregam." Mateus 23:3

Jesus elaborou seu ministério mesclando suas aparições públicas e tempos de busca pessoal com seus discípulos. Esta deve ser a fórmula com a qual devemos viver nossa vida cristã:

"Mas quando você orar, vá para seu quarto, feche a porta e ore a seu Pai, que está no secreto. Então seu Pai, que vê no secreto, o recompensará." Mateus 6:6

Não busque mostrar aos outros o quão bom você é. Deixe que Deus fale através de sua vida! Que as pessoas possam compreender que você é apenas um emissário de Cristo, um embaixador do Reino nesta geração! O que determina se teremos êxito nesta jornada é o tempo de secreto com o qual buscamos a Deus sem esperar recompensas ou bênçãos. Amamos a Deus pelo simples fato de que Ele nos amou primeiro, quando ainda éramos inimigos Dele e, por esta razão, obedecemos a sua Palavra, não por peso, mas por gratidão por tudo o que já recebemos de Suas mãos de graça e misericórdia!

Em segundo lugar, várias peças usadas na Millennium eram de sucatas imperiais. Trazendo ao nosso contexto, crescemos através dos desafios e até mesmo das batalhas que perdemos ao longo da jornada. O fracasso deve ser o nosso maior mestre, pois, se erramos em algo, devemos aprender com este erro e seguir em frente. De maneira nenhuma as decepções devem nos paralisar, mas ser um combustível para que possamos avançar ainda mais em nosso propósito! Como nos ensina o apóstolo Paulo:

"Irmãos, não penso que eu mesmo já o tenha alcançado, mas uma coisa faço: esquecendo-me das coisas que ficaram para trás e avançando para as que estão adiante." Filipenses 3:13

Desafio: De que maneira você pode manter um coração humilde nesta sociedade que preza pela exposição extrema? Não perca o coração de servo. O que você pode fazer hoje para ajudar os trabalhos que são desenvolvidos em sua igreja local ou comunidade? Ore, busque informações e envolva-se sem esperar nada em troca, pois seu Pai que vê no secreto, no tempo Dele, trará sua recompensa!

DIA 40
ESTRELA DA MORTE

"Onde está, ó morte, a sua vitória? Onde está, ó morte, o seu aguilhão?"
1 Coríntios 15.55

A Estação de batalha conhecida como Estrela da Morte é a maior realização do Império em sua missão de conquistar a Galáxia pelo medo: uma grande nave com 120 quilômetros de diâmetro, que possui um grande exército dentro dela com soldados Stormtroopers, caças e tudo aquilo que seria necessário para exterminar qualquer resistência ao seu imenso poder. O maior trunfo desta estação é o grande canhão laser em seu interior, composto por cristais kyber, o mesmo que um dia dava vida aos sabres de luz dos Jedi. Seu poder é tamanho que é capaz de destruir planetas inteiros, como, de fato, acontece com o planeta natal da princesa Leia Organa, Alderaan.

O engenheiro Galen Erso, que executou parte da obra, deixou propositalmente uma falha no sistema, um ponto fraco que poderia destruir toda a imensa estação militar. A equipe Rogue One resgata essas informações e as envia para a Aliança Rebelde, que consegue, com esta informação, destruir a Estrela da Morte. Luke Skywalker, pilotando um dos caças da Aliança, consegue dar um tiro certeiro direto ao núcleo da estação, acabando temporariamente com o problema. É interessante que, após a destruição da primeira, uma segunda Estrela da Morte começa a ser construída pelo Império, sendo, mais uma vez, destruída pela Aliança, evento este que marca o fim do governo de Palpatine, ou pelo menos é o que achamos até o final do episódio VIII da Saga.

Ela ficou tão famosa que houve um abaixo assinado com mais de 25 mil assinaturas nos Estados Unidos pedindo que o governo construísse uma Estação similar para proteção da América. O governo entrou na brincadeira, dizendo que não estaria nos planos dos EUA a destruição de planetas.

A Estrela da Morte é um excelente elemento para nossa reflexão de hoje. Uma estação de batalha aparentemente indestrutível com apenas uma falha que só poderia ser vencida por uma pessoa que soubesse de sua existência! Será que ainda estamos falando sobre Star Wars?

A Morte tornou-se o principal adversário da humanidade após a queda de Adão e Eva, descrita em Gênesis, capítulo 3. Desde então, um plano impecável foi desenvolvido por Deus com diversos sinais ao longo da História Bíblica. Este plano envolve a vinda de um Salvador para a humanidade caída. Como um magnífico projeto de engenharia, a humanidade recebeu diversas pistas sobre quem seria este personagem misterioso, como, por exemplo, que ele seria da descendência de Abraão (Gênesis 18:18), que seria da tribo de Judá (2 Reis 19:30) e da raiz de Davi (Isaías 11:1). Existem muitas outras referências a Cristo no Antigo Testamento, mas estas três nos ajudam como exemplos.

A vinda de Jesus à terra foi o cumprimento do plano de redenção da humanidade. Enquanto os judeus aguardavam um Messias político, que traria a restauração da glória política da monarquia judaica, Jesus veio como um Servo Sofredor (Isaías 53). Jesus obedeceu até o fim e cumpriu sua missão oferecendo-se como um Sacrifício Vivo em favor do pecado da humanidade. Como recompensa pela sua obediência ao Pai, este inimigo, que era aparentemente indestrutível, foi completamente aniquilado através do sangue derramado na cruz!

"Mas Deus o ressuscitou dos mortos, rompendo os laços da morte, porque era impossível que a morte o retivesse." Atos 2:24

Para concluir esta obra, gostaria de usar uma das mais lindas declarações de Cristo em toda a Bíblia, que faz um interessante contraponto com a Estrela da Morte:

"Eu, Jesus, enviei o meu anjo para dar a vocês este testemunho concernente às igrejas. Eu sou a Raiz e o Descendente de Davi, e a resplandecente Estrela da Manhã". Apocalipse 22:16

Desafio: Após estes 40 dias falando sobre Jesus, chegou a hora de colocar em prática o que você aprendeu! Anote em algum lugar pelo menos 10 atributos e características de Jesus que você descobriu aqui ao longo dos últimos 40 Dias com Star Wars! Poste sua resposta com uma foto desta página e marque o @parabolasgeek e a @editoracemporcentocristao pois queremos saber tudo sobre sua jornada!

STAR WARS
MANUAL DO RECRUTA DA RESISTÊNCIA

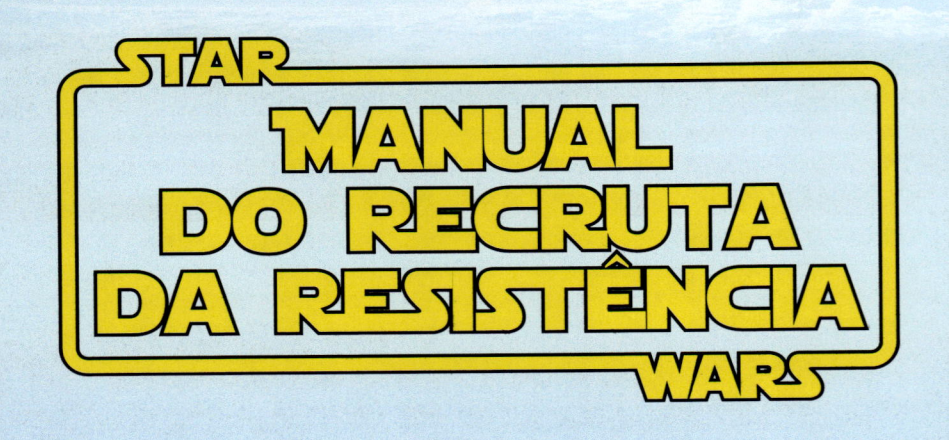

Hosnian Prime, 28 DBY

Receber este comunicado significa que os seus testes para entrada na Resistência foram aprovados! Você agora faz parte da esperança de que, um dia, a galáxia viva tempos de liberdade novamente. Com a queda do império, investimos nossas forças na Nova República, que ainda é bastante frágil com diversas divisões políticas que nos enfraquecem.

Nossos informantes nos avisaram que, enquanto perdemos tempo em debates inúteis na nova capital, a Primeira Ordem cresce nas regiões desconhecidas da galáxia. Por isso, nossa líder, General Organa, fundou a Resistência, com o objetivo de combater esta nova ameaça que se levanta à sombra da República.

Não podemos oferecer garantias de sucesso, tudo o que temos é a esperança e o legado de homens e mulheres que morreram acreditando em uma galáxia livre da opressão e do medo.

Como estamos em desvantagem nesta guerra, informação é uma das únicas armas que possuímos. Este manual contém tudo o que você precisa saber sobre nossa missão e deve ser lido com muita atenção, pois é através dele que você estará preparado para enfrentar os desafios que temos diante de nós.

Temos muito trabalho pela frente! Aguardo vocês na nova academia Jedi para suas primeiras aulas sobre a Força!

Espero ouvir muitos relatos a seu respeito, recruta!

Que a Verdadeira Força esteja sempre com você!

Mestre Jedi Eduardo Skywalker

STAR WARS MINI GLOSSÁRIO

Um dos grandes desafios deste projeto foi explicar as histórias individuais destes 40 personagens de maneira clara, pensando em pessoas que talvez nunca tenham assistido a nenhum dos filmes da saga. Como todo universo complexo, a Galáxia onde Star Wars acontece possui termos próprios e comuns para quem é um expectador deste fascinante universo. Porém podem não fazer nenhum sentido para quem não conhece a criação de George Lucas. Pensando nisso, trouxemos um pequeno glossário com os termos que utilizamos ao longo do livro, para que você não perca nenhum sentido dos textos preparados com muito carinho para você! Preparados? Vamos lá!

Padawan: É todo aprendiz treinado por um Jedi mais experiente, com o objetivo de ser consagrado Cavaleiro Jedi, após a conclusão de seu treinamento.

Youngling: Crianças sensitivas à Força, que eram encontradas e levadas até o templo Jedi na capital da República, Coruscant. Lá eram treinadas pelo Mestre Yoda para serem elevadas à categoria de Padawans, em seu treinamento.

ABY e DBY: A lendária Batalha de Yavin, que destruiu a primeira estação espacial de Batalha "Estrela da Morte", foi tão importante que dividiu o calendário galáctico em Antes da Batalha de Yavin e Depois da Batalha de Yavin. A Cronologia de Star Wars funciona usando este evento como parâmetro da passagem do tempo. Em uma galáxia com tantos planetas diferentes, a passagem do tempo leva em consideração os movimentos de rotação da capital da República Coruscant.

Cânon e Legends: Esta é uma parte tão importante para a compreensão do universo de Star Wars que teremos uma sessão exclusiva dedicada a eles neste manual.

A Força: É um poder onipresente que se encontra em todos os seres vivos. Este é o elemento mais emblemático da Saga de Star Wars, pois todos os filmes, animações, livros, HQ's e jogos de videogame deste universo, tem na Força seu elo de ligação. Aqueles que são sensitivos a ela, como os Jedi e os Sith, conseguem desenvolver habilidades extraordinárias.

Midi-chlorians: Formas de vida inteligente de nível celular. São simbiontes que vivem em todas as coisas e que permitem a comunicação com a Força.

Jedi: É um indivíduo sensível à Força que, além de estudar, usava a Força em seu lado luminoso. Todos os Jedi utilizam como arma o sabre de luz. Politicamente, estão alinhados com a República Galáctica e lutarão ao seu lado como Generais do grande exército de clones, durante as chamadas Guerras Clônicas. Atuando na Galáxia por mais de mil gerações, foram praticamente exterminados pelos Sith, após a Ordem 66, que voltou todos os clones contra os Jedi, matando quase todos. Os remanescentes passaram a viver no exílio, ocultos entre as sombras, como Mestre Yoda, Obi-Wan Kenobi e alguns que ajudaram os rebeldes na luta contra o Império, como Kanan Jarrus e Ahsoka Tano, que havia saído da Ordem antes do massacre. A esperança do futuro da Ordem foi depositada nos irmãos gêmeos Luke e Leia Skywalker, que tentaram formar uma nova Ordem Jedi, plano este frustrado pelo filho de Leia, Ben Solo, conhecido como Kylo Ren, e seus cavaleiros. Não sabemos o que vai acontecer com os Jedi, até a conclusão da saga Skywalker, no Episódio IX, que estreia em dezembro de 2019.

Sith: São seres sensitivos à Força, que abraçam seu lado sombrio. Para entender a diferença entre o lado luminoso e o lado sombrio da Força, é preciso compreender a motivação daquele que a utiliza. Diferente dos Jedi, os Sith lutam por poder e conquista. Por esta razão, fazem o que for preciso para alcançar este objetivo, utilizando conhecimentos proibidos. No passado distante, havia uma hierarquia da Ordem Sith, mas sua sede pelo poder fez com que fossem derrotados pelos Jedi e esquecidos por muitas gerações. Com Darth Bane surge a regra de dois, que estabelece a existência de apenas dois Sith, um mestre e um aprendiz. Quando o treinamento do aprendiz estivesse completo, este deveria matar o mestre e reiniciar o processo. A superação do mestre seria a comprovação de que o treinamento foi bem-sucedido. No cânon de Star Wars, conhecemos Darth Sidious, que teve três aprendizes em diferentes períodos de sua vida: Darth Maul, Darth Tyranus e Darth Vader.

Confederação dos Sistemas Independentes: Também conhecida como Aliança Separatista, é formada pelo grupo de planetas que busca independência da República Galáctica, após a crise no planeta Naboo. Esta separação levou à uma corrida armamentista patrocinada secretamente por organizações importantes, como a Federação de Comércio e o Clã Bancário. Publicamente, esta confederação era liderada pelo Conde Dookan, mas, nas sombras, o líder do movimento era Darth Sidious, que estava orquestrando o extermínio dos Jedi e um governo totalitário, através da implementação do Império Galáctico.

Velha República: Governo galáctico através do Senado da República, com representantes de todos os planetas do Sistema. A crise em Naboo desencadeou as Guerras Clônicas, um conflito violento entre a República e os Separatistas que durou três anos e que, gradativamente, aumentou o poder do chanceler Sheev Palpatine que era, na verdade, Darth

Sidious, culminando com a sua nomeação como Imperador Galáctico, anulando o poder do Senado e iniciando um governo autoritário, gerando o fim da Velha República. Acompanhamos este conflito nos Episódios I, II e III e nas seis temporadas da série animada Clone Wars.

Nova República: Com o fim do império, após a aparente morte do Imperador e a destruição da segunda Estrela da Morte, os vitoriosos tentam reorganizar o sistema político galáctico através de uma Nova República, que é bastante frágil e que vai enfrentar, em pouco tempo, uma nova ameaça: a Primeira Ordem. Conhecemos mais a respeito da Nova República nos livros que hoje compõem o universo expandido de Star Wars com o selo Legends. Não se preocupe, vamos explicar mais sobre cânon e legends neste tutorial!

Caçadores de Recompensa: Em Star Wars, existe um grupo bastante peculiar, chamado de caçadores de recompensa. Eles são indivíduos que tinham permissão para matar, capturar, sequestrar ou roubar itens, através de um acordo com seu contratante. Embora tenham existido vários caçadores como Greedo e Cad Bane, um em especial deve ser mencionado: Jango Fett. Ele foi contratado para fornecer seu material genético para todo o exército de clones da República, e, mais tarde, contratado para matar a senadora Padmé Amidala. No Império, eles continuaram trabalhando, agora com o apoio de informações vindas do banco de dados imperial.

Sabres de Luz: É a arma clássica dos Jedi e de seus antagonistas, os Sith. É uma lâmina de energia pura que emana de um cristal chamado Kyber. Todo Padawan passa pelo processo de construção de seu sabre, composto por duas partes principais: a base e o cristal. A base é construída pelo próprio Padawan para atribuir a identidade do portador do sabre. Alguns são duplos, outros curvos e alguns, até mesmo, disparam projéteis. A segunda parte do sabre é o cristal kyber. Todo Padawan deve procurar pelo seu cristal até criar uma espécie de conexão com ele, pois é o cristal que "escolhe" o Jedi e não o contrário. Existem diversas cores de cristal cuja coloração do sabre, tecnicamente, não altera seu funcionamento (existem alguns sabres feitos com outros materiais e que, por esta razão, possuem algumas características específicas, mas isso fica para uma outra ocasião), mas ajudam a identificar algumas funções dos Jedi na Ordem. Por exemplo:

- **Azul:** É o tipo mais comum e geralmente é associado aos Jedi Guardiões, que são guerreiros especialistas na luta com o sabre. Anakin Skywalker e Obi-Wan Kenobi usavam este sabre.

- **Verde:** Utilizado por Jedi Consulares, que estão buscando soluções diplomáticas para os conflitos e são muito próximos da República e de seus senadores. Seus portadores nos filmes foram Yoda, Qui-Gon Jinn e Luke Skywalker.

- **Branco:** Um cristal que tenha sido profanado pelo lado Sombrio pode ser regenerado deste processo, mas a sua cor jamais será branca. Utilizado pelos Cavaleiros Imperiais e por Ahsoka Tano, após sua saída da Ordem Jedi.

- **Negro:** Existe apenas um sabre de luz negro no Universo de Star Wars, conhecido como DarkSaber. Por ser único e ter sua origem envolta em mistérios, seu formato se assemelha a uma espada tradicional. Pertencia aos Jedi e foi roubada pelos

Mandalorianos. Apareceu nas duas séries animadas, Clone Wars e Star Wars Rebels, sempre nos arcos de histórias do povo de Madalore.

- **Amarelo:** Utilizado por Jedi Sentinelas, que são patrulheiros do universo. Buscam usar mais a sagacidade do que a força bruta em sua luta. Seriam espiões da Ordem, que vigiam e buscam pelos inimigos da Ordem dos Jedi.
- **Laranja:** Sua coloração é explicada pelos cristais serem de planetas muito quentes. Eles são conhecidos pelo seu poder e, geralmente, utilizados pelos poucos sobreviventes do extermínio Jedi, causado pela ordem 66.
- **Roxo:** Geralmente é o sabre de alguém que, embora tenha trabalhado para os Sith no passado, agora serve à Ordem Jedi e está à procura de redenção de seus erros. Utilizado por Mace Windu.
- **Vermelho:** Apenas os Jedi podem utilizar a energia dos cristais kyber. Quando um Sith se apropria dele, ele entra em colapso, como que "sofrendo". Por esta razão, sua cor passa de qualquer outra para o vermelho, sendo utilizado por aqueles que lutam com os Sith. Na verdade, estas explicações vieram depois das gravações do Episódio IV, em 1977, quando a intenção de George Lucas era de que todos os sabres fossem brancos, mas, pela tecnologia da época, o resultado não foi satisfatório. Alterando as configurações de cores, transformou o que era branco em azul, dando origem real à coloração dos Sabres.

Hiperespaço: Como a Galáxia é muito, muito distante, para acessar diferentes pontos deste território mapeado, as viagens acontecem através de naves equipadas com um hyperdrive, que conseguem dar um salto na velocidade da luz para, desta forma, chegar a regiões longínquas da galáxia rapidamente.

Orla Exterior: É um sistema composto por territórios esparsos fora do domínio da República. Compõe a maior área da galáxia lar de diversos planetas primitivos.

Regiões Desconhecidas: Região não mapeada da galáxia, além da Orla Exterior. Esta região talvez revele um grande segredo no episódio IX, então, por esta razão, resolvi acrescentá-la neste glossário.

Prequel ou Prequela: Nome dado à segunda trilogia da saga, que conta a transformação de Anakin Skywalker em Darth Vader.

Sequel ou Sequela: Nome dado à terceira trilogia da saga, que narra os acontecimentos após a queda do império, no episódio VI.

Spin Off: Filmes que contém detalhes da história, sem, contudo, alterar sua história principal. Poderíamos resumir dizendo que o Spin Off é uma história derivada da principal. Nos filmes, acontecem com Rogue One e Han Solo, além da Caravana da Coragem, que contava uma aventura dos Ewoks, criaturas que apareceram no episódio VI, o Retorno de Jedi.

STAR WARS
CÂNON X LEGENDS

A franquia Star Wars, sem a menor sombra de dúvidas, é um dos maiores sucessos cinematográficos de todos os tempos. Desde o primeiro filme, ainda em 1977, a história criada por George Lucas mostrou um potencial gigantesco para aumentar este universo fascinante. Isso aconteceu com livros, HQ's e jogos de vídeo game, que contavam fatos e eventos que não estavam nos filmes. Nem todos conhecem este universo expandido, que é extremamente rico e muito bem produzido. Pode parecer difícil se ambientar em um universo que contém centenas de livros e HQ's, mas um evento inesperado ajudou aqueles que estão conhecendo esta Galáxia Distante agora.

No ano de 2012, os Estúdios Walt Disney compraram a Lucasfilm e, com isso, o direito à marca e a tudo o que diz respeito à Star Wars. Com o novo projeto de criar novos filmes para a saga Skywalker para os cinemas, foi necessário "resetar" o Universo Expandido que já havia sido produzido até então. Assim, todos os livros publicados antes desta negociação foram desconsiderados como histórias oficiais de Star Wars.

Desta forma, apenas os seis filmes (Episódios I a VI), a série animada Clone Wars e o filme de mesmo nome, foram considerados canônicos pela Disney. Tudo o que foi publicado antes desta data recebeu o selo "Legends", entrando na qualidade de lendas e histórias não-canônicas da saga. Todos os livros, HQ's, animações e jogos de vídeo game publicados depois de 2012 fazem parte do novo cânone da franquia e devem ser considerados. Nos livros é bastante simples identificar o selo "Legends" na capa das publicações.

Esta informação é importante para que os leitores saibam quais histórias estão conectadas aos filmes e quais não estão. Uma dica a este respeito é que as HQ's e novos livros contam uma história periférica dos personagens, pois as grandes revelações e progressão do roteiro ficam a cargo dos filmes, que têm um público absurdamente superior aos demais produtos da franquia. Nos livros e HQ's, descobrimos as respostas para perguntas que não são respondidas nos filmes, ampliando de certa maneira os roteiros principais. Os livros antigos apresentam histórias que podem um dia tornar-se canônicas ou não.

Simplesmente fascinante, não é mesmo? Para ajudá-lo nesta jornada pela saga de Star Wars, vamos apresentar uma lista do novo Cânon da franquia para sua orientação, caríssima ou caríssimo leitor deste manual!

Como novos materiais são constantemente produzidos, esta lista pode ficar defasada rapidamente, dependendo de quando você estiver lendo este livro.

STAR WARS: O GUIA COMPLETO DO NOVO CÂNON

1 – HQ Darth Maul: Nele, Maul é um jovem aprendiz de Darth Sidious, que não tem autorização para enfrentar os Jedi ainda. Para aprimorar suas habilidades, ele enfrenta alguns chefes do submundo.

2 – Episódio I: A ameaça Fantasma: Neste filme, conhecemos a Ordem Jedi, Anakin Skywalker e a maneira como os Jedi se relacionaram com a política e a diplomacia na República. Fomos apresentados também ao senador de Naboo, Sheev Palpatine, sem saber ainda que ele é o lorde sombrio.

3 – HQ Obi-Wan e Anakin: Esta HQ foi escrita por Charles Soule, desenhada por Marco Checchetto e cobre parte do vácuo existente entre o Episódio I e o II, onde encontramos Anakin com cerca de 20 anos e Obi-Wan, um experiente e sábio Jedi. Nesta minissérie, os dois vão parar em um remoto planeta para auxiliar a Ordem Jedi, mas as coisas não sairão como planejado.

4 – Episódio II, O Ataque dos Clones: O filme se passa uma década após os eventos narrados no filme anterior, no qual Anakin é um jovem Padawan do Mestre Jedi Obi-Wan Kenobi, muito mais sábio e respeitado pela Ordem Jedi. Vemos Anakin buscando provar seu valor a todo o tempo, além de perceber o amor e o ódio presentes em sua jornada. Estes sentimentos são muito perigosos para um Jedi. O segundo filme da trilogia prequela revela os Separatistas liderados pelo Conde Dookan, que foi um Jedi treinado pelo Mestre Yoda no passado. Eles contam com a utilização de um numeroso exército de droides para tentar desestabilizar a República, protegida pelos Jedi. Estes, por sua vez, descobrem a existência de um exército de clones comprados, supostamente, por um cavaleiro Jedi falecido, a mando da República. Desta forma, tem início o evento chamado Guerras Clônicas, um evento com muitas repercussões para a Galáxia.

5 – Animação Clone Wars: Com seis temporadas e um filme, narra o período deste conflito, que durou três anos e cobre o período entre o Episódio II e o III, mostrando todos os detalhes deste conflito colossal entre a República e os Separatistas. Como a série é bastante extensa, os produtores trabalham aspectos de muitos mestres Jedi que são vistos rapidamente nos filmes, além de abordar elementos da política e da diplomacia em tempos de crise. Em resumo, esta série expande nossa compreensão a respeito do Universo de Star Wars. Outro ponto alto da série é a evolução de Anakin Skywalker, que passa a ser reconhecido como um grande Mestre Jedi, tendo sua própria Padawan, chamada Ahsoka Tano.

6 – HQ Darth Maul, Filho de Dathomir: Uma das primeiras medidas da Disney após a compra da Lucasfilm, foi o cancelamento da série Clone Wars, após cinco temporadas. O grande problema é que já havia episódios prontos da sexta temporada (que acabou sendo lançada pelo serviço de Streaming Netflix). O planejamento para as temporadas sete e oito já havia começado através de desenhos de novos personagens e roteiros. Como elas nunca foram concluídas, os produtores utilizaram este vasto material para lançá-lo em mídias alternativas, entre elas a HQ Darth Maul, filho de Dathomir. Nela temos a continuidade dos eventos descritos na quarta temporada da série animada, na qual descobrimos que ele não morreu após ser cortado ao meio durante sua batalha com os Jedi no Episódio I.

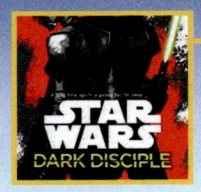

7 – Livro The Dark Disciple: Este é outro produto que surgiu após o cancelamento da série animada de TV, Clone Wars. Nele, o Jedi Quinlan Vos e a ex-aprendiz de Darth Tyranus precisam se unir para enfrentar o Conde Dookan. Esta aliança nada usual e a consequente falta de confiança entre os dois é um dos pontos fortes do livro.

8 – Episódio III, a Vingança dos Sith: Este filme encerra a trilogia revelando como as guerras clônicas terminam, como os Jedi são exterminados, como surge o Império Galáctico e como Anakin Skywalker se transforma em Darth Vader.

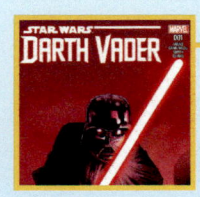

9 – HQ Darth Vader: Os roteiros dos filmes apresentam inúmeras pontas soltas que podem ser preenchidas com as mídias alternativas. Esta série de HQ's é um excelente exemplo, pois descreve os primeiros dias de Anakin como Darth Vader. Como foi o processo de adaptação à sua armadura e ao novo corpo cibernético, como ele conseguiu seu sabre vermelho, como ele iniciou sua caçada aos Jedi remanescentes na Galáxia são apenas algumas questões respondidas nestas revistas.

10 – HQ Kanan, o último Padawan: Descreve o que acontece logo após à execução da Ordem 66, no Episódio III, que levou os clones a atacarem e destruírem os generais Jedi de seus destacamentos. Esta HQ conta a história do Padawan Caleb Dume, que consegue escapar do massacre através do sacrifício de sua Mestre, a Jedi Depa Billaba. Caleb Dume adotará o nome de Kanan Jarrus e será um dos protagonistas da série animada Star Wars Rebels.

11 – Livro Star Wars Lordes dos Sith: A história se passa alguns anos depois do Episódio III e mostra o Imperador e Darth Vader em uma missão no planeta Ryloth, um planeta bastante conhecido por sua resistência a interferências externas. Aqui vemos Vader no início de sua jornada pelo lado sombrio e como ele lida com as ordens do Imperador Palpatine.

12 – Livro Tarkin: Como o título e o rosto na capa do livro sugerem, esta história vai mostrar os acontecimentos da formação do Império pelo ponto de vista de Moff Tarkin. Entre os pontos principais da obra, estão as dificuldades para a construção da Estrela da Morte e sua relação com Darth Vader. Nos filmes da trilogia original, percebemos que existe uma tensão entre os dois personagens e este livro revela a origem desta relação.

13 – Livro Star Wars, Um novo amanhecer: Este livro continua a história contada na HQ de Caleb Dume. Revela como ele passou os anos fugindo do Império e se escondendo para que a sua identidade não fosse revelada. Um dos pontos altos do livro é mostrar como ele conhece a capitã Hera Syndulla, sendo uma introdução para a série animada Star Wars Rebels.

14 – Livro Ahsoka: Esta obra narra os acontecimentos desde a saída da personagem da ordem Jedi até seu retorno, em Star Wars Rebels. Ela será fundamental para a formação da Aliança Rebelde, que veremos no Episódio IV da franquia.

15 – Filme Han Solo, Uma História Star Wars: O filme mostra como Han Solo conhece seu copiloto Chewbacca, seu amigo Lando Carlissian e a famosa corrida, na qual a Millennium Falcon venceu.

16 – Livro Trawn: Este é um personagem do Universo Expandido, que foi trazido para o Cânon tanto neste livro quanto na série animada Star Wars Rebels. A história revela de que maneira Trawn vai se transformar no Grão Almirante da Marinha Imperial.

17 – Animação Star Wars Rebels: Série encerrada em 2018, na quarta temporada, que conta como Kanan e Hera iniciam uma célula rebelde e como encontram Ezra Bridger, que é sensitivo à Força. Também mostra o treinamento de Ezra como Padawan de Kanan Jarrus e a conexão do Esquadrão Phoenix com as outras células rebeldes, que vão formar a Aliança Rebelde. A série se passa cinco anos antes do Episódio IV.

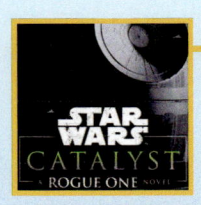

18 – Livro Catalyst: Este livro é um prelúdio para o filme Rogue One e conta como Galen Erso conheceu Orson Krennic, que seria o responsável pela construção da Estrela da Morte, como visto no Filme.

19 – Filme Rogue One, uma história Star Wars: O Episódio IV começa com o pedido de socorro da princesa Leia, através dos droides C-3PO e R2-D2, que contém os projetos que podem destruir a estação de batalha da Estrela da Morte. Rogue One conta a história da equipe que rouba esses planos e os transmite para a Aliança Rebelde.

20 – Filme Episódio IV, Uma Nova Esperança: O início de toda a Saga em 1977 apresenta os personagens que serão ícones da cultura pop desde então. Conhecemos Luke Skywalker, o filho de Anakin e Padmé Amidala, que será treinado como um novo Jedi por Obi-Wan Kenobi. Eles conhecerão o contrabandista Han Solo e seu copiloto Chewbacca, para, juntos, resgatarem a princesa Leia do Império. Neste filme, Darth Vader é apresentado e vemos o poder da Estrela da Morte e sua destruição pela Aliança Rebelde.

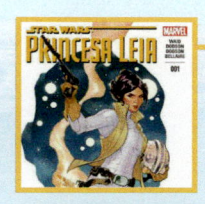

21 – HQ Leia: O roteiro focado no ponto de vista da princesa Leia, logo após os acontecimentos do Episódio IV, mostra o seu envolvimento com a Aliança Rebelde e de que maneira a destruição de seu planeta natal, Alderaan, a afetou. Ao longo do filme, vemos a personagem como uma princesa indefesa, porém, na HQ, descobrimos que ela é uma líder nata, que tem o respeito da Aliança.

22 – Livro Star Wars: A missão do contrabandista: Neste livro, voltado para o público infantojuvenil, acompanhamos uma missão de resgate de Han Solo e Chewbacca no planeta Cyrkon. Esta será uma missão secreta da Aliança Rebelde para reaver o tenente Ematt, que está sozinho neste planeta.

23 – Livro Star Wars Battlefront: Companhia Crepúsculo: Aproveitando o sucesso do jogo Star Wars Battlefront, este livro mostra como pessoas comuns se engajaram na batalha entre rebeldes e Império. Sem a presença dos heróis que destruíram a Estrela da Morte, este romance aproxima muito a ficção da guerra verdadeira, na qual, muitas vezes, tudo o que se deseja é sobreviver.

24 – HQ Chewbacca: Esta minissérie se passa entre os episódios IV e V, e possui 5 edições. Nela, uma missão do wookie para a Aliança Rebelde não acaba bem e Chewie acaba preso em um planeta, no meio de uma guerra civil entre facções rivais.

25 – Livro Star Wars, A Arma de um Jedi: Mais um livro da franquia voltado ao público infantojuvenil. Nele, Luke Skywalker é agora o herói da Aliança Rebelde e um de seus membros mais importantes. Ele vai até o planeta Devaron, que há muito tempo abrigou um templo Jedi, que está em ruínas. Nele, Luke vai enfrentar sua primeira batalha com o sabre de luz e descobre que pode continuar seu treinamento sem o Mestre Kenobi.

26 – HQ Lando: Esta HQ mostra a jornada de Lando, até assumir a administração de Cloud City, onde o encontraremos no Episódio V. É contada, também, a tentativa de roubo de uma das naves mais velozes da galáxia.

27 – HQ Star Wars: Esta é uma das mais importantes publicações fora dos filmes, pois apresenta os personagens principais no período entre os episódios IV e V. Nela, vemos o primeiro encontro entre Luke e Darth Vader, no qual ele reconhece seu antigo sabre de luz e começa a se questionar sobre a verdadeira identidade do jovem que destruiu a Estrela da Morte e que possui uma grande afinidade com a Força.

28 – HQ Darth Vader: Pode ser considerado um complemento da publicação anterior, com a diferença de que os eventos são vistos pelo ponto de vista do Império e de Darth Vader. A série mostra como Vader continua investigando a identidade de Luke, ao começar a cogitar que ele seja seu filho, respondendo a questão no episódio V.

29 – HQ Doutora Aphra: Esta personagem foi apresentada na HQ Darth Vader e fez bastante sucesso entre os leitores, razão pela qual ganhou sua própria minissérie. A história mostra como a contrabandista precisou fugir de Vader e lidar com uma dívida com o caçador de recompensas, Wookie Black Krrsantan.

30 – HQ Han Solo: O protagonista precisa entrar em uma corrida estelar chamada Dragon Void Run, como um disfarce para cumprir uma missão da Aliança Rebelde, para resgatar informantes que caíram nas mãos de inimigos.

31 – Filme Episódio V, O Império Contra-Ataca: Na continuação da trilogia original, de 1980, vemos o início do treinamento de Luke com o mestre Yoda, agora exilado em Dagobah, o romance de Leia e Han Solo e descobrimos (estarrecidos!) que Darth Vader é o pai de Luke.

32 – Livro Star Wars, Alvo em movimento: Terceiro livro voltado para o público infantojuvenil, cuja história se passa entre os episódios V e VI. Nela, a princesa Leia descobre os planos para a construção de uma nova estrela da morte e seu plano para conseguir atacar o Império e impedir que seus planos se concretizem.

33 – Filme Episódio VI, O Retorno de Jedi: Um ano se passou desde os eventos do Episódio V, no qual vemos Luke como um verdadeiro Cavaleiro Jedi, após seu treinamento com Mestre Yoda. Ele tenta trazer seu pai novamente para o lado luminoso da Força, ao mesmo tempo em que tanto Vader quanto o Imperador tentam convencer Luke a mudar de lado. Neste filme, descobrimos que a profecia com relação ao Escolhido era verdadeira, pois Vader volta a ser Anakin, derrota o último Lorde Sith e traz o Equilíbrio para a Força.

34 – Livro Star Wars, Marcas da Guerra: Esta história se passa logo após o Episódio VI e mostra de que maneira a queda do Império influenciou a galáxia, além de mostrar a tentativa de reorganização dos remanescentes imperiais.

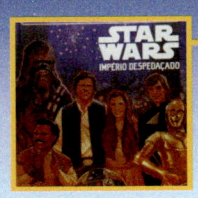

35 – HQ Star Wars: Império Despedaçado: Esta minissérie em quatro edições mostra a trajetória de Kes Dameron e Shara Bay, os pais de Poe Dameron, importante personagem da nova franquia da saga.

36 – HQ Star Wars C-3PO: História que conta como o droide conseguiu o braço vermelho, com o qual aparece durante o Episódio VII.

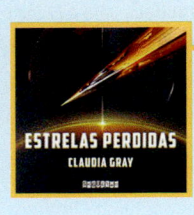

37 – Livro Star Wars Estrelas Perdidas: Descreve a história de dois amigos que cresceram juntos e compartilhavam o sonho de pilotarem os caças TIE, do Império. Ciena Ree e Thane Kyrell se separam quando Ciena permanece leal ao imperador e Thane vai para a Aliança Rebelde. Na história, os principais acontecimentos dos Episódios IV, V e VI são revistos, a partir do ponto de vista dos amigos, agora em lados opostos da guerra galáctica.

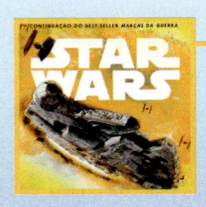

38 – Livro Star Wars, Dívida de Honra: O segundo livro da trilogia Aftermatch aborda o período entre os episódios VI e VII. Nele, a princesa Leia envia alguns personagens do primeiro livro em uma missão. Este grupo acabará encontrando Han Solo, que está a caminho do planeta natal de Chewbacca, onde vão libertar o povo wookie.

39 – Livro Star Wars, o Fim do Império: O último livro da trilogia Aftermatch aborda os eventos que antecedem a batalha final entre a Nova República e o Império. Após os eventos do Episódio VI, a centralidade do Império foi quebrada, espalhando as forças remanescentes pela Galáxia. Neste sentido, o local da derradeira batalha será o longínquo planeta Jakku, palco dos eventos do episódio VII.

40 – Livro Star Wars, Bloodline: Esta obra é centrada na figura de Leia Organa e como ela deixa o nome de Princesa Leia para se transformar na General Organa da trilogia mais recente de filmes. No contexto complexo da Nova República, ela é uma das principais políticas de seu tempo, além de esposa de Han Solo e mãe de Ben Solo. Enquanto luta para acabar com os núcleos imperiais restantes, começa a perceber as consequências de ser filha de Darth Vader. Existe uma interessante discussão sobre o conflito entre as gerações quando Leia precisa lidar com o fato de que seu filho, Ben, nasceu em um mundo sem o poder absoluto do Império e, por isso, os ideais mudam para esta geração. Sem o apoio e confiança dos mais jovens, a Nova República pode acabar antes que possa se estabelecer em definitivo na Galáxia. Os primeiros indícios da formação da Primeira Ordem aparecem neste livro.

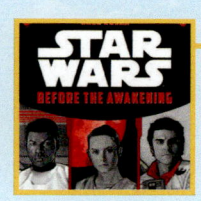

41 – Livro Star Wars: Before the Awakening: O livro descreve as histórias dos três protagonistas da nova trilogia, Rey, Poe e Finn, nos dias que antecedem o Episódio VII.

42 – HQ Poe Dameron: Esta série mostra como Poe Dameron tornou-se o principal piloto da Resistência da General Organa, através de diversas missões contra a Primeira Ordem, incluindo a busca por Luke Skywalker, que marcará o início do filme "O Despertar da Força".

43 – Filme Episódio VII, o Despertar da Força: Apresenta a Primeira Ordem, que tenta dominar a galáxia como o Império fez anos antes, liderados pelo enigmático líder supremo Snoke. Novos personagens como Rey, Finn, Kylo Ren, General Hux, capitã Phasma, Poe Dameron e BB-8 surgem para uma nova saga junto aos consagrados Han Solo, Chewbacca, Leia Organa, R2-D2 e C-3PO. A trama gira em torno da busca da Resistência e da Primeira Ordem pelo último Jedi, Luke Skywalker, exilado em paradeiro desconhecido.

44 – HQ Capitã Phasma: A História descreve de que maneira a Capitã consegue escapar da base Starkiller, no final dos eventos do Episódio VII.

45 – Livro Phasma: Mais uma história sobre a capitã Phasma. Tendo em vista sua pequena participação nos filmes, ela foi melhor desenvolvida nas outras mídias.

46 – Livro Leia, Princesa de Alderaan: Este livro conta a história da Princesa Leia ainda adolescente, antes dos eventos do Episódio IV, quando descobre que seus pais fazem parte da Aliança Rebelde e decide lutar pela liberdade da Galáxia.

47 – Legends of Luke Skywalker: Em um navio cargueiro, os tripulantes passam o tempo contando histórias sobre o lendário Luke Skywalker. O mito se fundiu com a pessoa e suas histórias transformaram-se em lendas.

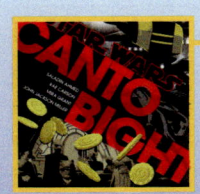

48 – Livro Canto Bight: Conta a história do planeta Cassino e seus habitantes. Esta narrativa, aparentemente sem maiores implicações, na verdade revela parte de como a Primeira Ordem conseguiu os recursos para se erguer após a queda do Império.

49 – Filme Episódio VIII, Os Últimos Jedi: O início do treinamento de Rey com Luke Skywalker e os desdobramentos da batalha entre a Resistência e a Primeira Ordem.

50 – Filme Episódio IX, A Ascensão Skywalker: A conclusão da saga Skywalker acontece em 2019.

Esta não é a única lista possível, pois outras listas apresentam outro tipo de linha do tempo, com alguns itens a mais ou a menos. Nossa lista é bastante equilibrada e procura associar os livros e HQ's conforme a trama principal se desenrola.

Pensou que tudo se resumia a nove filmes? Agora você sabe a verdade sobre o novo Cânon de Star Wars. Não mencionamos os jogos da franquia, como Battlefront I e II e alguns livros mais recentes que preenchem as lacunas entre os episódios VIII e IX. Queria apenas que vocês pudessem entender a magnitude desta história e como todas as mídias estão interligadas, de alguma forma, contando e descrevendo a mesma narrativa desde 1977!

E os livros publicados antes de 2014? Você os identifica facilmente, através da escrita "Legends" na capa destes materiais. As histórias são fascinantes, mas agora são apenas Lendas que podem ou não um dia fazerem parte da linha do tempo oficial de Star Wars!

QUE A FORÇA DE CRISTO ESTEJA SEMPRE COM VOCÊS!